奥古斯都大帝与罗马帝国

Augustan Rome

〔英〕Andrew Wallace-Hadrill 安德鲁·华莱士—哈德里尔 ◎ 著

桂芳芳 ◎ 译

中国友谊出版公司

图书在版编目（CIP）数据

奥古斯都大帝与罗马帝国 /（英）安德鲁·华莱士 – 哈德里尔著；桂芳芳译 . -- 北京：中国友谊出版公司，2022.7

ISBN 978-7-5057-5464-5

Ⅰ.①奥… Ⅱ.①安…②桂… Ⅲ.①奥古斯都（前63-14）– 传记 Ⅳ.① K835.467=2

中国版本图书馆 CIP 数据核字 (2022) 第 062868 号

Augustan Rome Copyright © 1993, 2018 by Andrew Wallace-Hadrill
First published 1993 by Bristol Classical Press
This edition published 2018
© Andrew Wallace-Hadrill 1993, 2018
This translation of Augustan Rome : Second Edition is published by arrangement Bloomsbury Publishing Plc
Simplified Chinese edition copyright : 2022 Beijing Standway Books Co.,Ltd
All rights reserved.

书名	奥古斯都大帝与罗马帝国
作者	[英]安德鲁·华莱士 – 哈德里尔
译者	桂芳芳
出版	中国友谊出版公司
发行	中国友谊出版公司
经销	新华书店
印刷	天津中印联印务有限公司
规格	880×1230 毫米　32 开
	6 印张　112 千字
版次	2022 年 7 月第 1 版
印次	2022 年 7 月第 1 次印刷
书号	ISBN 978-7-5057-5464-5
定价	49.80 元
地址	北京市朝阳区西坝河南里 17 号楼
邮编	100028
电话	(010) 64678009

目录
CONTENTS

第二版序言 / 01

第一版序言 / 03

引言 / 07

第一章 亚克兴神话 / 001

第二章 变形记 / 019

第三章 皇宫和宫廷 / 045

第四章 黄金时代的罗马 / 073

第五章 爱情和战争 / 103

第六章 神与人 / 129

后记：奥古斯都的遗产 / 157

索引 / 165

第二版序言

2014 年是奥古斯都逝世 2000 年。这一年，罗马和巴黎举办了大型展览，名字响亮而简洁，即为"奥古斯都"；罗马、那不勒斯、里斯本和牛津等十几座城市举行了一系列会议。2000 年后，首位罗马皇帝仍然魅力不减，依然吸引世人的注意力，继续引发关注与争议，并出现在世界各地的学校教育教学大纲中。在 1992 年出版的本书第一版，我试图为非专家的普通读者分享一些想法，譬如，我们如何利用这一时期丰富的文学作品和物质文化，来探讨这个名为奥古斯都（经过多次更名之后）之人为什么，以及如何改变了罗马。

25 年过去了，关于奥古斯都时代罗马的许多争论仍在继续发展，我们的知识也在不断增长。我有幸在罗马客居 14 年，见证了许多新的考古发掘，特别是千禧年前后，一个新的发掘项目重现了帝国的古罗马广场（The Forum）。此外，美国建筑师理查德·迈耶（Richard Meier）受委托重新安置了和平祭坛（Ara Pacis）（这项工作在铺天盖地的争议中进行，因为任何触动法西斯时代的纪念碑必定要在民众的感情中激起巨浪）。我也有幸作为同事和朋友，成为这些争论的主要参与者之一，后者包括当时罗马德国考古研究所的主任保罗·赞克（Paul Zanker）和他的继任者亨纳·冯赫斯伯格（Henner von Hesberg），以及当时罗马博物馆的尤金尼奥·拉·罗卡

(Eugenio La Rocca)。我还有幸访问了亚得里亚海彼岸的尼科波利斯遗址，当时主管伊奥亚尼娜的遗迹发掘的官员康斯坦丁诺斯·扎克斯（Konstantinos Zachos）正在对奥古斯都为纪念亚克兴战役胜利而建造的一座城市进行新的发掘。特此对他们表示衷心的感谢，他们给予我灵感与启发，帮助我收集新版的插图。

我特意未修改本书的正文。如果我现在重写它，它将是一个不同的和更长的文本，事实上，我也不想对内容进行任何删节。我的目的是提出问题，抛砖引玉，而不是盖棺定论。在此期间，许多著作面世，包括我在进一步阅读书籍推荐清单里提到的沃纳·埃克（Werner Eck）、芭芭拉·利维克（Barbara Levick）和卡尔·加林斯基（Karl Galinsky）的著作。我试图做的是将对文学和考古文献的阅读与对政治的诠释结合起来。我增加了一个新的引言，旨在介绍这些资料，以及一个关于奥古斯都遗产的后记，试图重新评估他的长期意义。

感谢由艾丽斯·赖特（Alice Wright）领导的布鲁姆斯伯里出版社工作人员，他们敦促我继续出版新版；感谢安德鲁·伯内特（Andrew Burnett）在罗马钱币学领域给予我颇多指导，他帮助我收集的硬币的新图像，成为奥古斯都统治时期丰富图像的来源；还有我的妻子乔，她分享了我在罗马的经历，分享了我对这项事业的热情。

安德鲁·华莱士-哈德里尔

剑桥大学，2017 年

第一版序言

奥古斯都时期的罗马是一个宏大的课题。对此，人们孜孜以求，成果颇丰，未来仍然会不断结出硕果。笔者亦投身其中，成此拙作，内容有限，挂一漏万，亦在所难免。关于这一时期，提纲挈领似的叙述足以占据全部的篇幅，遑论专门介绍诗歌和艺术领域的成就，概述的佳作已存在，笔者所做的不是说明性介绍，而是诠释性的文章。希望这本小书对那些对这个课题相对陌生的人有所裨益，譬如说那些相当于六年级或大学一年级程度的读者。笔者的目的是让读者了解屋大维在亚克兴的胜利是如何改变罗马和罗马人的生活的。

本书探讨的时间范围是公元前31年至公元前14年，地点集中在罗马城，行文有意将行省及其地方行政、军队及其征伐搁置一边，而试图将政治变迁置于它对罗马价值观、对诗歌的想象世界、对艺术的视觉世界、对罗马城的组织结构的影响这一大背景之下。任何了解保罗·赞克的《奥古斯都时代罗马的图像力量》（*Power of Images in Augustan Rome*，1987）的人都会看到本书对他的借鉴。笔者还试图展示这种转变是如何经由一个缓慢而渐进的过程发展，进而得出奥古斯都时期是一个试验的论点，当然，这纯属个人观点。读者应该明白：这本书选择的是一条穿过学术争议雷区的道路，和所有的历史著作一样，读者应该本着批判性的态度谨慎地阅读。奥古斯都这一课题极其复杂，任何诠释性的观点都不足以成为权威性观点或定论。仅希望拙作能够激发读者建构自己的奥古斯都。

笔者的朋友对初始文稿的讨论给了我很大的帮助。感谢迈克尔·冈宁汉姆（Michael Gunningham）（担任系列编辑）、简·加德纳（Jane Gardner）、费格斯·米勒（Fergus Millar）和特莎·拉贾克（Tessa Rajak）（本书触及每人最博学和专业的领域的观点，他们各自并不赞同）。感谢我的妻子乔，尽管我一直在努力克服她对历史的厌恶。

安德鲁·华莱士-哈德里尔

1992 年

恺撒家族

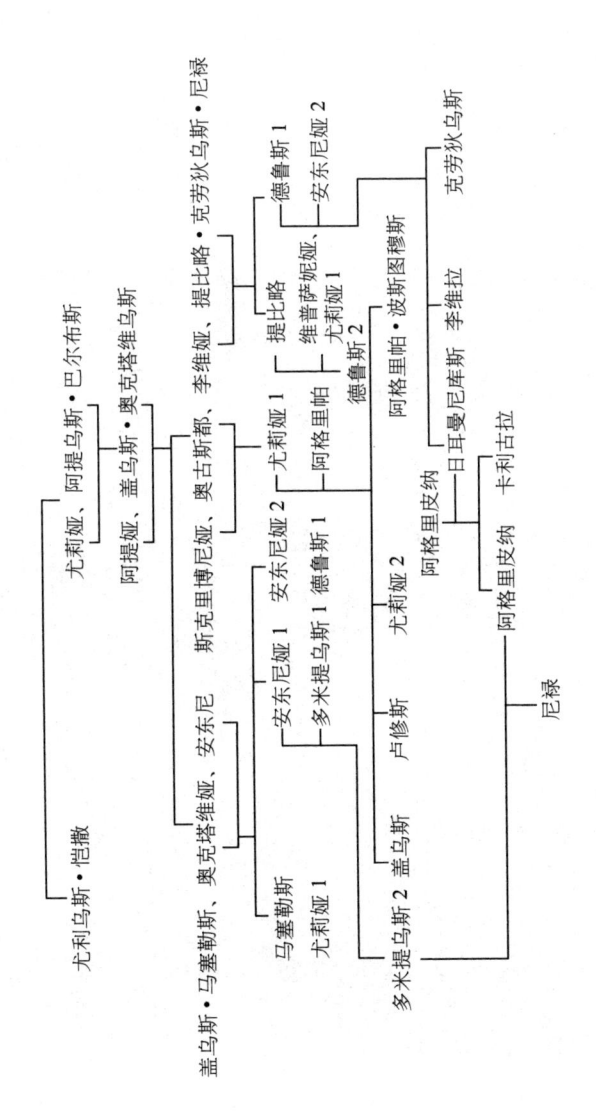

- 盖乌斯·马塞勒斯，奥克塔维娅，安东尼
  - 马塞勒斯
  - 尤利娅1
- 尤利乌斯·恺撒
  - 尤利娅，阿提乌斯·巴尔布斯
    - 阿提娅，盖乌斯·奥克塔维乌斯
      - 斯克里博尼娅，奥古斯都，李维娅，提比略，克劳狄乌斯·尼禄
        - 尤利娅1，阿格里帕
          - 安东尼娅2
          - 德鲁斯
          - 尤利娅2
          - 阿格里皮纳
          - 日耳曼尼库斯
        - 提比略
        - 维普萨妮娅，尤利娅2
          - 德鲁斯
          - 阿格里皮纳，波斯图穆斯
          - 李维拉
          - 卡利古拉
        - 德鲁斯1
        - 安东尼娅2
        - 克劳狄乌斯
      - 多米提乌斯2，盖乌斯
        - 卢修斯
        - 尤利娅2
        - 阿格里皮纳
          - 尼禄
        - 克劳狄乌斯
      - 尼禄

卷首插图 墨索里尼时期，在新发掘的奥古斯都广场前放置的奥古斯都雕像的青铜复制品。在其脚下可以看到面向广场幕墙的现代灯光投影的舞台。

引 言

　　我们只有通过支离破碎的蛛丝马迹，才能窥见历史的一二。有些历史时期相对而言留下的痕迹较为丰富，但即便如此，距离历史的真相仍相差甚远，未知的问题依然无有穷尽。但这恰是研究历史让人兴奋的原因：我们必须利用我们的想象力将破碎的痕迹连接成一个连贯的故事，同时，要尊重历史，实事求是地使用历史的证据。奥古斯都时期的历史便留下诸多痕迹，其痕迹种类丰富，故而研究硕果累累。显然，人们对奥古斯都的迷恋尚未消退。为什么会有这种迷恋，是什么让我们的想象能够进入如此遥远的往昔？

　　关键因素是这一时期众多文学作品的广为传播。文学作品如此富有想象力，以至于影响了后来的许多著作。17、18世纪的许多英国诗人就称自己处于"奥古斯都时代／黄金时代"。维吉尔（Vergilius）重新定义了田园诗、说教诗和史诗，贺拉斯（Horace）重新定义了抒情诗和讽刺诗歌，提布鲁斯（Tibullus）、普罗佩提乌斯（Propertius）、奥维德（Ovid）热爱诗歌，其作品的"经典"地位在古代已经确立 [查阅一个世纪后修辞学教授昆体良（Quintilianus）起草的阅读清单便能知晓]。但从他们的"经典"地位来看，所有这些诗人都有两个相互联系的主题：奥古斯都和罗马。

原因充满争议。一个重要的因素是梅凯纳斯（Maecenas）的赞助，这是无可争辩的。在公元前1世纪30年代和20年代，他的身边聚集了一群优秀的年轻诗人，包括维吉尔、贺拉斯和（稍晚一点的）普罗佩提乌斯。他是最著名的文学赞助人，一个不正常的赞助人。为了赞助事业，他用好几种语言为自己起名[Mécénate（法语），Mecenatismo（意大利语）]。他是奥古斯都的亲密朋友和盟友，但他自己（理论上）并不是一个政治参与者，他反对国王和将军亲自实施赞助的模式。甘心于骑士的阶层，并拒绝公职，可以被视为"全无野心"，拒绝传统形式的成功却将他推向了奥古斯都。可以这么说，这种与权力既紧密而又疏离的关系使诗人更易保持表面上的自主。

贺拉斯在他的讽刺诗中最生动地描绘了赞助人和诗人之间的关系。特别是在他们一起去布伦迪森的旅程中[《讽刺诗》（*Satires*）]，他尽其所能地强调他们之间交流的幽默色彩和非政治性，即使国家重大事务突兀地存在于背景之中。我们很难深入贺拉斯讽刺诗的背后，理解诗人自己可能感受到的压力。双方交易的一部分显然是大力讴歌现政权。具有民主，特别是反法西斯价值观的现代读者很可能对此持怀疑态度。但值得称赞的是，年青一代的诗人在公元前1世纪30年代和20年代，创作出了最高质量且富有创新精神的作品。20年间，维吉尔创造三种诗歌体裁，贺拉斯创作两种，提布鲁斯、普罗佩提乌斯改变了拉丁挽歌的形态。倘若他们只是当时政权的吹鼓手，今天的我们就不会满怀热忱地阅读他们的作品。

无论诗人与权力之间是什么关系，它都是不稳定的、不可预测的。公元前1世纪20年代末梅凯纳斯消失了，也许是失了宠，但更可能是过世了。一本关于贺拉斯的传记报告说，梅凯纳斯在他的遗嘱中要求奥古斯都亲自关照贺拉斯。随着时间的推移，人们对诗人的期望也越来越高。贺拉斯第四部著作《颂歌》（*Odes*）在公元前1世纪最后10年出版，它是格律严谨的胜利颂歌，似乎是按顺序写就的。普罗佩提乌斯在其第四部《挽歌》（*Elegies*）中改头换面，从饱受折磨的爱情诗作者转变为进行神话性诠释的"罗马的卡利马克斯"。奥维德则从轻率的爱情诗人变成了"岁时纪"（*Fasti*，标记普通日子和神法规定的神圣日子的列表）的作者，他将奥古斯都置于罗马历史的核心，其史诗《变形记》（*Metamorphoses*），跨越了希腊神话，以奥古斯都神话告终，与神化恺撒的相关作品有异曲同工之妙。公元后的第一个10年，奥维德受辱并被流放至托密斯。

"奥古斯都诗人"是奥古斯都统治时期的荣耀，但他们只是更广泛的文学和文化繁荣的一部分。李维（Livy）撰写的《罗马历史》（*Roman History*）当然没有试图讲述奥古斯都的故事（据说他被警告了），但它呈现了罗马的过去，充满了奥古斯都时期的价值观，以至于看似确定无疑呈现的是"奥古斯都"色彩。李维试图从当下来重新思考历史，正如希腊作家哈利卡纳苏斯的狄奥尼修斯所擅长的那样。斯特拉博的世界地理学视野从空间上展示了奥古斯都帝国。关于罗马建筑的权威著作，当数维特鲁威的10本著作，它们深入希腊的传统，回溯过去，为奥古斯都提供了一个新的帝国建筑的蓝图。

众多的文学性文本，似乎使得奥古斯都时期的政权易于解读，然而，矛盾的是没有一本书能够提供对当时历史的描述，因此，我们必须依赖奥古斯都逝世一个世纪之后的作家。甚至塔西佗（Tacitus）的《编年史》（*Annals*）一书中，也只有对奥古斯都政权入木三分的评价（参见后记），并无关于政权的完整叙述。同时代稍晚的苏埃托尼乌斯（Suetoanius）撰写了关于奥古斯都最卓越的帝王传记，他对档案和信件收藏进行了深入的研究，但是，他将故事情节遗漏了，或者说做了最大程度的简化，他以为读者知晓这些。要等到卡修斯·狄奥（Cassius Dio）所著的《罗马历史》（*Roman History*）在3世纪初问世，关于奥古斯都才有了详细的叙述。故而，奥古斯都时期似乎鲜明地同时出现在众多文学作品中，但就详细的叙述而言，它是隐而不露的，它通过这些作品在不同的条件下显现尚有待来日。

文学经典给了这一时期特殊的地位，而考古遗迹的影响微乎其微。今日赴罗马的游客非常熟悉奥古斯都时期的遗迹，然而，这些遗迹在18世纪尚未见天日。爱德华·吉本（Edward Gibbon）撰写了《罗马帝国衰亡史》（*The History of the Decline and Fall of the Roman Empire*）并将奥古斯都描绘成一个"狡诈的暴君"，奥古斯都时期罗马的考古"重新发现"则是晚近发生的，最重要的是，法西斯独裁者贝尼托·墨索里尼（Benito Mussolini）在20世纪20年代和30年代将自己包装成新的奥古斯都，他资助了许多遗迹的考古和发掘工作。

位于他游行路线侧面的奥古斯都广场，直到那时尚埋在城市建筑中的奥古斯都陵墓，最重要的是和平祭坛，他克服了重重困难，耗费巨资，将装饰华丽的大理石祭坛石板从现代地面以下 10 米处挖掘出来。陵墓与和平祭坛成为一个新的公共广场"奥古斯都大帝广场"（Piazza Augusto Imperatore）的核心景观，且增加了现代的建筑、雕刻艺术和镶嵌工艺。在放置和平祭坛的建筑新"珠宝盒"的两侧，墨索里尼将奥古斯都对自己成就的总结《功业录》（*Res Gestae*）的拉丁文全文镌刻下来。

图 0.1　奥古斯都陵墓：入口两侧有两根青铜柱子，上面刻着《功业录》。

图 0.2　在理查德·迈耶设计的展馆中重新展示的和平祭坛视图。

11

虽然《功业录》的文本早已为去过土耳其的游客熟知，但是到19世纪，伟大的德国历史学家特奥多尔·莫姆森（Theodor Mommsen）才确立了一个可靠的版本。对莫姆森来说，《功业录》是"铭文之王"。它含有丰富的信息，"事实和形象"，呈现了一个"神圣的统治者"的愿景。然而，即使一个政权对自己的吹嘘非常露骨，墨索里尼显然很善于利用这些歌功颂德的文件带来的虚荣。

墨索里尼（甚至在某种程度上是希特勒）对奥古斯都的利用和标榜，对后法西斯时代大众对奥古斯都的接受产生了极大的负面影响。罗纳德·赛姆爵士（Sir Ronald Syme）在《罗马革命》（*The Roman Revolution*，1939）中对奥古斯都形象的毁灭性描述清楚地表明了，他对一个被视为法西斯独裁者典范的人物之缺乏同情，就连梅凯纳斯也开始变得看起来像希特勒的宣传部长戈培尔一样操纵公众舆论。法西斯主义倒台半个世纪后，不同的声音才开始出现。20世纪80年代末在柏林和罗马举办的一场关于奥古斯都的大型展览给了国际学者重新评估这一时期的机会，虽然对于德国和意大利的赞助方而言，法西斯主义的阴影一直存在。保罗·赞克对此贡献颇多，他在《奥古斯都时代罗马的图像力量》（1987）一书中，提出了极具挑战性的观点，他使学者们认识到视觉在形塑观念和意识形态方面的力量。2000年的千禧年庆典给了罗马另一个洗刷形象的机会：罗马开始删减墨索里尼的游行路线，重新凸显帝国对罗马广场的扩展，将和平祭坛重新安置在"珠宝盒"中,该建筑是由时尚的美国建筑师理查德·迈耶设计的。

图0.3 墨索里尼时期镌刻的拉丁文本《功业录》的一部分。

图0.4 纪念墨索里尼在奥古斯都大帝广场上的奥古斯都铭文。

20世纪80年代,由德国考古研究所所长埃德蒙·布赫纳(Edmund Buchner)主持的另一项考古发现为人们对和平祭坛重萌的兴趣添火加薪。人们早就知道,在奥古斯都陵墓附近有一座丢失的纪念碑,其形状是用方尖碑做指针的一座日晷。布赫纳认为，日晷仍旧深埋在现代建筑的地基深处，等待发掘。他的挖掘工作不慎碰到了镶嵌在大理石人行道上的一小段青铜字母。尽管对这座纪念碑的索赔细节引发了激烈的争议，但很显然，这座纪念碑带来的荣耀，与和平祭坛不分轩轾。

从墨索里尼到迈耶，奥古斯都一直是所有赴罗马的游客关注的焦点。这是奥古斯都时期及其文学经典、纪念碑丰富和复杂的标志，2000 年之后的今天，它仍然魅力无穷，是争议，甚至是公众辩论的焦点。

第一章

亚克兴神话

奥古斯都给罗马带来了新秩序。新秩序不仅包括新的政治游戏规则，还有人们对关于罗马以前是什么、现在是什么的新认知。它由被称为"共和国"的旧秩序转变而来，融入这个称呼的是一整套的传统、价值观和政府体系。奥古斯都的新秩序植根于新的神话，存在于触及了深深的恐惧和希望的那些充满感情色彩的符号和象征里，存在于形塑了所有罗马人生活的基本价值里，神话的核心是奥古斯都建立罗马世界统治地位的亚克兴之战（Battle of Actium）。我们可能会倾向于将其视为军事专制胜利的象征，但罗马人不会这么看，在他们心中，它是拯救罗马免于毁灭的救赎之象征。

公元前44年，恺撒（Caesar）被谋弑，罗马陷入混乱。恺撒的副指挥官、当年的执政官之一马库斯·安东尼乌斯（Marcus Antonius）（安东尼）和恺撒的甥孙及继承人盖乌斯·奥克塔维乌斯（Gaius Octavius）成为争夺恺撒事业控制权的两名主要竞争对手，后者在恺撒被宣布为"迪维菲"（Divi Filius），即神之子时（图1.1），迅速更名为恺撒，以博得加分的砝码。现代历史学家为了避免混淆，更喜欢称他屋大维，在其公元前27年最后一次变更名字后则称他为奥古斯都。

图1.1 公元前40年屋大维发行的硬币。屋大维称自己为"CAESAR DIVF"（神之子），钱币的另一面绘制的尤利乌斯·恺撒图像冠名为"DIVOS IVLIVS"（神朱利乌斯）。

14年间，屋大维和安东尼在敌对和结盟之间摇摆不定。为夺取帝国至尊地位，在联合起来发动政变后，他们与雷必达（Lepidus）组成了所谓的"后三头"同盟。但是，同盟从成立甫始，就存在激烈的内部争夺，并通过反复的契约和妥协来维系同盟阵线，其中包括屋大维胞妹奥克塔维娅（Octavia）和安东尼的联姻。作为长期角逐罗马世界控制权的两个敌对集团的最后决战，亚克兴之战绝非意外。

这场旷日持久的战争虽然呈现出了为罗马公民的传统价值观和自由而战的色彩，仍然是一场争夺个人统治地位的斗争，自由绝非关键因素。恺撒被那些相信可以从暴政中拯救自由的人谋弑，他们的事业并没有随着布鲁图斯（Brutus）和卡修斯（Cassius）在腓立比一起消失。安东尼的兄弟卢修斯·多米提乌斯·阿赫诺巴布斯是公元前41年的执政官，他恶意地利用屋大维大规模没收意大利土地，重新分配给退伍老兵所引起的愤怒，以争取自由的名义举起了反对屋大维的旗帜。

在翁布里亚对佩鲁贾的围攻中,卢修斯·多米提乌斯·阿赫诺巴布斯被击溃,空遗对屋大维之恨(据说屋大维将300名战俘献祭于恺撒)。

随后,庞培(Pompeius)的儿子塞克斯图斯·庞培(Sextus Pompeius)成为凝聚"共和派"的新的灵魂人物。在庞培的雕像下,恺撒死了。小庞培与小恺撒成为劲敌,两人都大肆宣扬自己对父亲的虔敬和忠诚。塞克斯图斯继承了他的父亲与被其父击败的海盗首领的联系,在西西里岛集结了一支声威赫赫的海军。他对到往罗马的关键运粮路线的封锁给屋大维带来了极端困难的5年。屋大维与斯克里博尼娅的联姻(塞克斯图斯·庞培则与斯克里博尼娅的侄女结了婚)是消除这种威胁的一种尝试。铲除塞克斯图斯的战争持续多年,其痕迹在那不勒斯湾周围的工事中仍然清晰可见。那里的阿维努斯湖被改造成战舰的泊港。当屋大维和他的海军统帅阿格里帕(Agrippa)(图1.2)在公元前36年的瑙洛丘斯海战(Battle

图1.2 铸币者克索斯·科尔涅利乌斯·伦图卢斯发行的银币,展示了阿格里巴帕戴着装饰着船喙的王冠,以庆祝胜利。

of Naulochus）中击败西西里岛的塞克斯图斯时，他宣称（唤起对斯巴达克斯的记忆）战胜了逃亡的奴隶，但这当然是为了掩盖所谓的对自由的胜利，而自由也是他在讨伐安东尼时高举的旗帜和宣称热切地支持的事业。亚克兴之战后，刻印屋大维肖像的硬币上书写的"罗马和平与自由的维护者"（LIBERTATIS PR VINDEX）（图1.3）宣布他是罗马人民自由的捍卫者，这是战斗之前双方都热切追寻的荣誉。

正如历史学家所言，亚克兴之战不仅仅是一场战役，为入侵意大利，从屋大维的手中"解放"罗马（图1.4），安东

图1.3 以弗所铸币厂发行的蛇篮银币，约公元前28年，将屋大维描述为"罗马人民自由的捍卫者"，反面则庆祝和平。

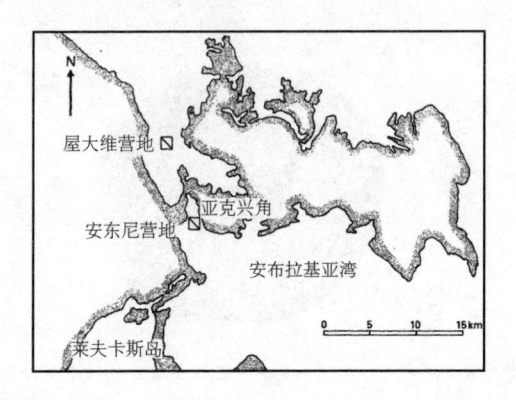

图1.4 亚克兴战役位置图。

尼在希腊西海岸集结了一支由500艘船组成的强大舰队，克利奥帕特拉（Cleopatra）女王提供的埃及舰队是其中重要的组成部分。埃及的托勒密王朝以其精湛的造船技术而闻名于世，其秘诀（对今人而言，仍然是个秘密）在于通过标准的三层桨架来增加桨力。屋大维的舰队同样声威赫赫，经历了击败塞克斯图斯·庞培的海战后，其力量得到强化，并由杰出的阿格里帕担任统帅。但从技术上讲，他的三层桨船已被安东尼每支桨4至10人操纵的巨大舰船超越了。屋大维预测到了安东尼的入侵意图，趁对方战舰还在集结时将其封锁，他的策略是使战争远离意大利，并将安东尼的战舰困在安布拉基亚湾（Gulf of Ambracia）的狭窄入海口，使其丧失机动性。

安布拉基亚湾似乎是集结舰队对抗意大利的绝佳地点。它风景旖旎的盐滩和被崎岖的山脉环绕的宁静的蓝色水域让人过目不忘，同时，它也是珍稀动物和稀有禽鸟鹈鹕的避难所。海湾向内陆延伸了20英里（1英里约为1609米）；两个海岬像蟹钳一样据守两翼，中间只留一条几百米宽的狭窄而易守的通道。安东尼的军队驻地在阿波罗神庙附近的亚克兴的下海角，现为当地机场。屋大维从科孚岛和北部沿着海岸前进，占领了北部的海角作为驻营地。该遗址的标志性建筑是屋大维建造的纪念碑，安东尼船舰上的巨大青铜冲角作为战利品装饰其上（图1.5）。在这座纪念碑之下，他建造了一座胜利之城尼科波利斯，并在那里举行了长时间的庆祝仪式。

图 1.5 屋大维在亚克兴附近的尼科波利斯建造的胜利纪念碑。为了纪念海战和陆战的胜利而致谢海神尼普顿和战神马尔斯，它展示了安东尼船上最大的青铜船喙。石雕上的插槽显示了这些船喙之庞大，它们来自于有 4 到 10 排桨的船只。这座纪念碑是在康斯坦蒂诺斯·扎科斯主导的新挖掘活动中出土。

暴风雨将战争推迟了 4 天，但在第 5 天（公元前 31 年 9 月 2 日），晴朗的天气提供了理想的条件。这场海战果然壮观至极。根据普罗佩提乌斯所言，"这是世界上最强者对垒的大手笔"（《挽歌》）。从规模来看，它确实是古代最宏大的海军集结。但战役尚未分出胜负便结束了，优柔寡断的安东尼选择了退缩，克利奥帕特拉等待微风吹起后，升起了帆，带领埃及舰队驭风而遁。在诗人的视野中，预示着死亡的苍白，在她的脸上浮现（维吉尔，《埃涅阿斯纪》）。安东尼抱头不语，在她的船上呆坐了整整 3 天。他在激战正酣时弃舰而逃，留下 19 个军团束手就擒，他精神崩溃了。

安东尼军队士气低落早有苗头。数月以来，指挥官一直在不断地叛逃，他已经无法再信任他们。卢修斯·多米提乌斯·阿

图1.6 奥古斯都在尼科波利斯的胜利纪念碑的重建图。

图1.7 展示奥古斯都的胜利的浮雕。

图1.8 展示奥古斯都与孩子们一起乘坐战车凯旋的浮雕细节图，这些孩子很有可能是埃及女王克利奥帕特拉的子女。

赫诺巴布斯是叛逃者之一，他在战斗前乘坐小艇溜走，安东尼随后还将行李送还与他。还有人在军中传播克利奥帕特拉宫廷生活的恐怖故事。比如穆尼提乌斯·普兰库斯，他曾抱怨被迫在一个狂欢派对上，皮肤涂成蓝色扮演海神格劳库斯跳裸体舞。原本高雅的上流生活变成了猎奇者嗜好的怪谈逸事，在一个赌局上，克利奥帕特拉将珍珠耳环溶解在醋中饮下，赌赢了安东尼，这在战争前夕被当作一个不祥之兆。

这些故事反映了屋大维在亚克兴赢得的双重胜利。除了海战，还有一场争夺"心灵和头脑"的宣传战。宣传战发生在战役前后，以安东尼为标靶。根据历史学家狄奥的说法，屋大维在战斗前告诉他的士兵，在战争中最重要的不是武器装备之先进，而是正义之归属。他的胜利不仅使己方，也使安东尼一方相信，正义属于屋大维，这是通过系统地诋毁安东尼来实现的。屋大维对演说大师西塞罗（Cicero）多有借鉴。西塞罗在恺撒死后写的续集《腓立比书》（*Philippians*）中对安东尼大加挞伐，丑化安东尼的个人生活，其目的是一以贯之地破坏安东尼的合法性。在西塞罗笔下，安东尼狂饮达旦后，跟跟跄跄地走进公共集会场所，在讲坛上呕吐秽物；带着一群女演员和妓女沿着意大利的市街大道招摇过市：这恰是屋大维对安东尼的丑化之来源。屋大维塑造的安东尼是一位被翁法勒阉割的大力神，用狮子皮换取丝绸衣服，被埃及艳后迷得神魂颠倒，不复是一位罗马将军。

真实的安东尼形象（尽管普鲁塔克和莎士比亚都承认他的地位）在遭污名化后再也无法恢复。或许，安东尼意识到了罗马上流社会生活方式之丰富多彩，但他低估了这些指控的重要性以及屋大维对罗马的清教徒式气质的利用。又或者他认为，在东方希腊充满异国情调的世界里，扮演新的解放之神狄俄尼索斯的角色，并以东方宫廷的方式举办伟大盛会无伤大雅。

> *她坐镇的舰船，像闪闪发光的王座*
> *在水面熠熠生辉：用金子做的船尾*
> *紫色的帆，散发着迷人的馨香*
> *连风都迷上了它*
> 　　　　莎士比亚，《安东尼和克利奥帕特拉二世》

就像围观的人群一样，安东尼陶醉了，但无论是不是被爱情迷昏了头脑，安东尼需要克利奥帕特拉的支持。在帕提亚远征失败后，他还想成为罗马的亚历山大的话，就需要托勒密王朝的财富及其海军的辅助。他在公元前34年扶持克利奥帕特拉为埃及女王，并宣布他和她的孩子为将来的国王（图1.9）。

图1.9 安东尼发行的硬币，约公元前34—前31年。安东尼庆祝他"征服"亚美尼亚，而克利奥帕特拉在安东尼授予她和她儿子在东部省份的权力之后，享有的新头衔是女王和女王的后裔所具有的头衔。在她的半身像下面是一只船的喙，强调了她的海军力量。

浪漫主义和好莱坞明星式的生活方式是亚克兴神话的基本元素。它们恰逢其时地被用于诋毁安东尼，对其在战争中落败发挥了至关重要的作用。但是，现在的危险远比丑化安东尼更大。安东尼的角色在随后的庆祝活动中被淡化了，其名字几乎没有被提及，无论是在奥古斯都简要记录自己功绩的《功业录》中，还是在贺拉斯、维吉尔和普罗佩提乌斯的诗化记叙中。在创造神话的需求下，亚克兴之战不应该仅仅是一场个人之间争夺霸权的斗争，还应该是一场保卫罗马价值观的战斗，是保卫罗马世界免受神祇、理想和道德架构被正面攻击的战斗。威胁不仅仅来自醉鬼安东尼，还有邪恶化身的克利奥帕特拉。胜利是罗马人之高贵对野蛮和腐朽的胜利，安东尼几乎是一个无辜的受害者：一个无男性气质的男人，一个不是罗马人的罗马人。

　　诗人所塑造的形象强调了罗马人和异国人之间的差别。罗马的军队要接受一个女人的命令，或者更糟，接受她手下的一名年老宦官的命令。猎猎军旗中她精美的薄纱帐赫然而立，这令贺拉斯震惊[《抒情诗集》（*Epodes*）]——虽然当时靠蚊虫传播的时疫在军中蔓延，蚊帐是必需品。贺拉斯用宗教仪式和祖先酿制的酒来庆祝胜利，庆祝罗马的心脏——朱庇特神庙免于被疯狂的女王和一群可耻的身染瘟疫之人破坏（《颂歌》）。对维吉尔来说，亚克兴是以埃涅阿斯（Aeneas）的盾牌（《埃涅阿斯纪》）为代表的罗马历史的重要象征。这是由火神（Vulcan）锻造，维纳斯神授予的盾牌，亚克兴之战被视为一场诸神之间的战斗，体现了罗马和异国人的价值观，即善与恶的交锋。在国神、家神、最伟大的神之庇护下，奥古斯都与元老、人民齐上阵，他的神（父亲）那颗星星上散发出的光芒火晕般环绕着神庙。前面，是安东尼和所有肤色各异的东方野蛮人；中间是女王，手摇伊希斯的叉铃，在召唤大批的埃及怪兽神，狼头人身的阿努比斯向文明的海神尼普顿、维纳斯神和智慧女神弥涅尔瓦狂吠。在他们之上，是让埃及人、阿拉伯人、印度人战栗的阿波罗神，也是亚克兴之神。在这里,西方与东方遭遇,其宗教和文化的激烈冲突丝毫不亚于基督教和伊斯兰教之争。

作为政治和文化象征的阿波罗神是如此强大,以至于爱情诗人普罗佩提乌斯对亚克兴之战的所有描述都围绕着神的角色。正是在阿波罗湾发生了宇宙大战(《挽歌》),敌人的舰队事先被神化的罗慕路斯诅咒,奥古斯都受到朱庇特神的祝福。阿波罗离开德洛斯岛立于奥古斯都的船头之上;他放下了他的琴和他作为音乐与诗歌之神的角色,并披挂上虔诚和纯洁的复仇者的可怕伪装——他曾以此方式将箭射进阿伽门农的营地。他召唤奥古斯都作为世界的救世主,使他的国家摆脱恐惧。敌人的庞大战舰吓不着他,因为正义立于此方。阿波罗的弓和奥古斯都的矛赢了,在帕拉蒂尼为太阳神建造的庆祝神庙让阿波罗又回到作为诗人庇护者的角色。该寺庙与罗马最好的公共图书馆有关(图1.10)。随着这些诗意的

图1.10 铸币者安提斯提斯·维图斯(公元前16年)为纪念亚克兴战役的助力神阿波罗而发行的银币,图像显示阿波罗在演奏竖琴。

叙述在时间上的推进（贺拉斯的诗歌写于最高权力角逐时期，维吉尔的诗写于随后的十年，普罗佩提乌斯又在其后），现实的细节让位于象征主义。及至普罗佩提乌斯时期，敌人几乎消失了。神的祝福、罗马传统、纯洁与正义、和平与发达的文化，奥古斯都成了所有这些价值链中最关键的一环。

在亚克兴神话中，奥古斯都作为救世主而战：为了拯救朱庇特神庙不被毁灭，罗马世界免于摧毁，罗马文明和价值观免遭腐化。安东尼的一蹶不振就是遭受到腐化的一个例子，而腐化堕落威胁着所有可能接触到异族价值观的罗马人：穆尼提乌斯·普朗库斯只是及时逃走才免遭此运。这个神话的意义远远超出了公元前1世纪30年代的宣传战争。神话的起源当然在于屋大维在公元前32年试图实现一条统一战线，通过"全意大利的宣誓"来展示西方的广泛支持，并以"公认"的表现使他自己在法律上的可疑地位合法化。但在战争结束后，在埃及沦陷和安东尼与克利奥帕特拉于次年自杀后，诋毁安东尼的必要性就消失了。奥古斯都需要证明的不是他在亚克兴之战中的地位，而是从此之后的地位。在召集大军成功消灭埃及之后，为什么他的军事专制需要继续存在？因为这个神话告诉我们，这种威胁并不是短暂存在，而是永久性的，且要依靠不断的胜利来平息。罗马和它所代表的文明永远处于危险之中，永远需要一个救世主。正如所有罗马人知道的，这种威胁不仅仅来自外部，还来自内部。通常情况下，罗马人可以对抗任何外部威胁，而一群野蛮人的阉人根本不在话下。只有当罗马人因内战、自相残杀而破坏了自己的防御，斯基泰人和帕提亚人才有底气叫嚣要踏上朱庇特神庙的废墟。克利奥帕特拉只是一个次要的危险，她不能对内战本身负责。内战是一种流淌在血液中的罪过，也是雷摩斯的诅咒，他被孪生兄弟、罗马城的创建者罗慕路斯所杀（贺拉斯，《抒情诗集》）。罪恶激起了众神的愤怒，天降冰雹，台伯河洪水泛滥。罗马人必须跪下祈祷，让一个人来赎罪，朱庇特从天界派来救世主，这就是寄居在凡人体内的天神恺撒［贺拉斯，《颂歌》；维吉尔，《田园诗》（*Georgics*）］。

是诗意的夸张还是言过其实？如果是这样的话，诗人只是在寻找意象来表达真正的恐惧。内战是任何社会的终极恐惧。恺撒穿越鲁比孔河大约20年的经验表明，罗马人不可能从内部，也就是从他们现有的结构和传统来解决这个问题。这就是为什么需要一个外来的救世主，就像天神所派的那样。内战的影响实际上是一种创伤，内战的痛苦经历在罗马人心中逡巡不去，诗人用各种意向来表达它。维吉尔在盾牌上刻画的战争场景中，众神立于其中。铁甲履身的狂暴战神、迪雷的复仇之神、冥界的复仇之神、战争女神贝洛娜手持鲜血淋漓的鞭子。朱庇特在史诗开始时已经预言奥古斯都将控制这些毁灭性力量：一个严酷的时代行将结束，战争遁去，可怕的战争之门将会关闭，复仇之神连同他的武器一起被用100根黄铜制成的铁链紧锁，口泛血沫，发出沉闷的嘶鸣（《埃涅阿斯纪》）。

维吉尔所设想的复仇之神尚未消除，它威胁要打破链锁，砸开大门，让世界颤抖。威胁是真实存在的，且在罗马帝国持续了4个世纪，它时常能够轻而易举地摧毁罗马的安全体系，给奥古斯都及其继任者行使紧急状态的权力提供了持久的合理化动因。诗人试图在其富有想象力的文学作品中表达出这种恐怖。在亚克兴事件发生一个世纪后，卢坎创作的史诗《法萨莉亚》（*Pharsalia*）带读者回到了那个在自我毁灭的狂热中自相残杀的社会，重新反思内战的恐怖。这部史诗是一把双刃剑，它是对尼禄皇帝的奉献，而他的死则酝酿着下一场内战。正如尼禄的导师塞涅卡（Seneca）提醒他的那样，尼禄被众神派去执行一项致命的紧急任务。罗马人是一群庞大的乌合之众，充满了内斗、煽动和不受控制的欲望，如果帝国统治的枷锁被打破，就会爆发出自我毁灭的疯狂；罗马世界就会成为众矢之的 [塞涅卡，《论宽恕》（*On Clemency*）]。恐怖是切实存在的，帝国宣传的功能是让大众时刻意识到恐惧，从而为帝国的残暴统治寻求合理化支撑。

第二章

变形记

历史学家卡修斯·狄奥在他的《罗马历史》第51卷中指出，虽然他通常不会详细记录事件的日期，但公元前31年9月2日，亚克兴之战的日期很重要，因为它标志着年轻恺撒至尊权力的开始，也是他统治的开始。狄奥说得没错，这一天标志着罗马历史的一个转折点，共和国最终不可逆转地结束了，帝制（或元首制）开始了。罗马地中海世界的居民甚至在当时就已经有了觉察：旧秩序已然逝去，新的黎明已经破晓，即使他们对新的黎明会带来什么一无所知。正如奥古斯都所说，"在我消灭了内战之后，通过全民同意，我获得了对所有事务的控制"（《功业录》）。民众的赞同可能并非出于由衷的热情——尽管许多人不厌其烦地表现自己的热情，但无论情愿与否，他们都不得不承认他已经掌控了大局。

虽然这个转折点的时间可能是精确的，但它既不标志着转变过程的开始，也不标志着结束。奥维德在奥古斯都统治末期以变形，即身体从一种形式转变为另一种形式为主题创作了一部神话史诗，他明白，转变既不是瞬间的，也不是突然的，而是逐渐发生的，有时甚至呈现出骇人的形式。新的形式是由旧的元素逐一转变而来。擅长织绣的美丽少女阿拉克涅的头部和身体逐渐缩小，修长的手指变成蜘蛛织网的腿，变形后的她，一如既往地不停地编织着。(《变形记》) 又或者，在当代图谱中，人们会考虑如何寥寥数笔将自由女神像转换成警察国家的形象（图2.1）。要实现此转变，微妙的调适就足够。倘若自由可以用来代表共和国，女警察代表帝国，奥古斯都的统治即是两者之间一个矛盾体，不同的视角代表着不同的理想。

图2.1 自由化身的美国转变为警察国家。（彼得·布鲁克斯，《泰晤士报》，1992）

奥古斯都对罗马的改变是一个漫长而渐进的过程，其统治的整整40年间，也是开发、试验、实现亚克兴的胜利对罗马之影响的过程。我们不应当臆测奥古斯都心中存在一个蓝图，对将要建成什么样的制度有周全的设计，相反，我们一次又一次地看到他被迫改弦易张，自我否定。在我们看来，似乎很明显的是，一个帝国政府系统将会建立起来，其特征或多或少将在此后几个世纪保持不变。但对于奥古斯都或等待着他领航的罗马人来说，这并不明显。这有助于解释他为什么将恢复旧制度作为创建新制度的伊始。从不同的角度来看，我们可能会把这种"恢复"视为玩弄政治的狡猾手腕，或者是一种后续需要全面加以修正的错误之举。

恢复共和制

亚克兴之战使胜利的领导人进退两难。他曾带领罗马的"元老院和人民"赶赴战场（700 名元老惊人地全部横渡大海以示团结），在后者的殷殷敦促下，他宣布要将罗马从威胁中解放，保护罗马所代表的传统。他已经不止一次地宣称，他的愿望是恢复常态和传统政府。两难困境由他个人的地位引发，在他声称狂热支持的罗马的传统里，无法找到一个与其功绩相匹配的位置。仇恨国王是罗马的一项古老传统，往昔与国王的恩怨在人们心中依旧隐隐作痛，恺撒的遇刺导致了第二个布鲁图斯的出现，象征性地使罗马摆脱了第二个塔克文（罗马王政时代最后一位国王）。权力不应集中在某一位公民手中作为一项原则在过去的几十年中不断重申。因此，困境在于救世主只有通过自我毁灭才能拯救共和国。

图2.2 克索斯·科尔涅利乌斯·伦图卢斯发行的金币，约公元前12年：奥古斯都挽救共和国免于崩塌。

图2.3 奥古斯都发行的金币，庆祝公元前28—前27年的尘埃落定。右图上的文字 LEGES ET IVRA PR RESTITUIT 意指"他恢复了罗马人民的法律和权利"，或者可能是"为罗马人民恢复了法律和权利"。

矛盾的解决办法就是这样。通过恢复旧秩序，新秩序有了安全的保证（图2.2和2.3），这以领导人的"下台"为标志。奥古斯都本人在《功业录》末尾的记载仍旧至关重要：

> 在我消灭了内战之后，通过全民同意，我获得了对所有事务的控制。在我第六、第七次担任执政官时（公元前28年、公元前27年），我将我的权

力移交给元老院和罗马人民,恢复了共和国。为此,元老院赋予我奥古斯都之称号,并给予我以下荣誉:宅邸的门柱上装饰月桂树,门上镶嵌"公民冠",还有一面金盾牌置放于元老院会堂内,盾牌上的铭文可以证明元老院和罗马人民为了称颂我的英勇无畏、宽厚仁慈、公正笃敬而赠予我。

《功业录》

这一重要嘉奖的确切日期(公元前27年1月13日)由国家日历记录下来,该日历将1月15日定为庆祝节日:"元老院将橡叶花环悬挂在凯旋将军奥古斯都宅邸大门的上方,因为他把公共资源奉还给了罗马人民(图2.4)。 在一首很特别的诗歌中,奥维德巧妙地把日历演绎成诗句,用诗句标注日期:

每个行省都回到了人民那里
人们都称呼你的祖父奥古斯都

"岁时纪"

历史学家对奥古斯都的主张表现出了应有的怀疑。权力移交?行省恢复?元老院和人民由此获得了完全的掌控权?经过对两个世纪以来帝国政策的表里不一以及"模棱两可的官腔"的深刻观察,历史学家狄奥明白,最重要的是皇帝们做了什么,而不是他们说了什么。奥古斯都屈服于来自元老院的巨大"压力","不情愿地"同意,"暂时地"交出一部分控制权,至少是中枢权力,即主要军队驻扎高卢、西班牙、叙利亚和埃及这几个行省的权力。狄奥敏锐地观察到,正是在同一个会议上,投票通过了给皇帝的私人警卫——禁卫军——加饷的表决,奥古斯都露出了狐狸的尾巴。

敏锐的历史学家狄奥,像他更伟大的前辈塔西佗一样,鄙视用矫言伪行来掩盖不负责任的专断权力,他既不认为奥古斯都在改名前后所行使的主宰权力有任何重大差异,也不会因这种权力披上了合乎法律程式的外衣而干扰判断。奥古斯都的统治权、合法的军权以及对其他公民行使的权力是如何界定的,这些权力是作为执政官和行省总督而局限在所辖行省之内,还是具有普遍性、至高无上性和无限性,这些问题一直存在着争议。因他从公元前27年到前23年担任了执政官,职位给了他必要的权力。当他在公元前23年辞去执政官职位时,他必须被授予一个有任职期限的特别的地方总督职位,这是非常合理的。然而,最令人惊讶的,也许也是最重要的一点是,在一系列公共文件中,从《功业录》到硬币铭文以及刻印他的法令和决定的献词和碑文,充斥着昭示他的仪式性权力和荣耀的意象,就像任何现代独裁者胸前的丝带一样醒目而招摇,然而却都未对他的统治权给出任何定义。

1月13日的嘉奖并不仅仅是,也许根本就不是空洞的作秀,如果奥古斯都隐退的话,便没有愚弄任何人,如果他真的这么做了,后果将是灾难性的。现在,人们都意识到了帝国的行省分裂成了两个部分,即按照传统由元老院和人民抽签任命总督的行省,以及"恺撒的行省"。后者由奥古斯都自己选择的下属("使节")管理,他们中的一些人甚至根本不具有元老的身份。也没有人会认为奥古斯都的权威会在所辖行省的边界止步。帝国的居民继续毫不含糊地大声表白对奥古斯都的效忠和热爱。"来自内心的呼唤,恺撒,已经掌管了一切……"建筑师维特鲁威大方而直白地写道。或者,正如贺拉斯所说,"当恺撒控制着地球时,我不再惧怕会死于暴力了"(《颂歌》)。作为一种政治谋略的施展,"恢复"是非常令人难以置信的。

当时所需要的,既不是对罗马公民隐瞒权力的现状,也不是一套合法的程序,而是一种将"无所不能的优胜者"的形象纳入传统的罗马理想的方法。由于在共和制中没有一个全能人物的位置,所以他把自己放于制度之外。

一般和特殊权力

我们可以从"紧急状态权力"这一思想窥见一斑。现代政府可能会宣布紧急状态,它允许以紧急规则,特别是戒严来推翻正常规则,将现有的体制暂停,而不是废除。实际上,这就是屋大维、安东尼和雷必达在公元前43年"后三头"同盟时期所做的事情:虽然正常的公民集会、元老院和司法机构仍在运作,但他们利用危机状态,通过自己任命法官和军队指挥官，并在公共财政和司法行政中进行干预，凌驾于制度之上。亚克兴战役之后，屋大维完全获得了这一权力——尽管目前还不清楚除了模糊的"全民同意"之外，是否还存在别的法律基础，更何况他还担任执政官的公职。在回到罗马和公元前29年的凯旋式之后，他逐渐结束了"紧急状态"，直到1月27日，他准备宣布危机已经过去，恢复传统的政府。

但他深知，此时宣布还为时过早。虽然政府已经回归"常态"，有必要保留一些例外，某些"特殊"领域仍需他的关注。最重要的是，因为尽管内战结束了，罗马仍然面临着外敌威胁，所以军团不能被解散（终极理想）。众所周知，军团是对共和制的政治威胁，因为指挥官可能会再次试图为自己而夺取权力：他继续保留军权是符合每个人的利益的。因此，作为一项临时措施，奥古斯都同意保留特别控制权。当时众人一定期冀他能建立一个真正和稳固的和平世界，从而结束紧急状态。

战争结束了，人们可能希望共和国现在能够完全运作。不过，奥古斯都会像守护天使一样密切关注一切事务，践行罗马人所谓的 tutela 或 cura 职能，即监护人或保护者的角色。过去，他拯救了这个国家，现在，他的工作是保护它的安全。这是一个无法用法律定义或限定的角色。一个世纪后，其继承者维斯帕芗经投票决定登基为皇帝，享有做任何他认为符合共和国最佳利益的事情的权力，这就是由奥古斯都创造的角色发展而来（不管元老院投票授予权力时是否使用了相同的措辞）。这并不意味着他有做任何事情的权力或责任（疯狂的卡利古拉提出的要求），但他必须尽一切努力来拯救国家。即使是最愤世嫉俗的历史学家也不会，亦没有必要假设奥古斯都相当广泛地预知了公共生活各个领域，从而证明罗马需要他非凡的"拯救"力量。

现在，这种看待问题的方式，即在一般和特殊、罗马元老院和人民的普通运作与奥古斯都的特别行为之间制造分野，事实上造成了奥古斯都独立于常规、规则和约束之外。这意味着他不再是一个普通的罗马公民。他可能是一名高级官吏，事实上，他要行使许多高级官吏的职务，但这并不能解释他的非凡角色。正如他所说："在这段时间之后，我的威信在万人之上，但我的权力从未超过任何一位同僚。"（《功业录》）他的与众不同并非源自高级官吏之职。他的角色使他超越了罗马，因此也超越了人类的规范。

在这一点上，罗马人只能求助于神学修辞。他的角色更像是一个神，而不是一个人：一种无限的力量，可以拯救人类的生命，给世界带来秩序。就像对罗马的成功至关重要的朱庇特和其他众神，他们拥有凡人难以理解的巨大力量，但显然这种力量并非来源于元老院和人民。所以奥古斯都的力量近似于神圣。他的角色使他在人与神之间穿梭。当然，他是凡人，是罗马公民，他的许多职责都是人类的，传统罗马人的。但是，你可以把他想象成从天堂借来的一个超人，是朱庇特神派来完成那些凡人力量无法企及之事。我们应该非常小心，不要把这些在当时的诗歌中俯拾即是的言辞当成一种相当乏味的恭维。他们正试图表达一种不可胜言之事。

荣耀

关于这一主题，大部分已经隐含在奥古斯都这一称号中了。元老院为何选择这一称号，作为对奥古斯都移交权力这一政治姿态的回应，同时代人已经阐释得足够明确。奥维德解释道：许多伟大的罗马人都被赠予了新名字以表彰他们征服异域、开疆拓土的丰功伟绩，一些名字指涉他们曾经征服的民族，另一些名字，如庞培·马格纳斯和保卢斯·法比尤斯·马克西姆斯，指涉其功业之煊赫。只有奥古斯都和朱庇特同名。"August"这个词用来指代神殿和神圣之物，它与占卜联系在一起。通过占卜，众神的意志得以知晓，它唤起了奥古斯都对帝国的扩张意识，在奥古斯都的支持下，他们进行了战斗（"岁时纪"）。选择一个具有超人内涵的词，是政治应对的一个重要因素。元老院和人们发现他们无法用普通的法律术语来描述他的权力，因此只能用神圣的隐喻。这个选择很有启发性。"奥古斯都"的内涵非常丰富，足以说明这个人不同于任何一个罗马人，无论是现在还是过去。然而，它并没有虚假地宣称他实际上是一个神。

"奥古斯都"获得了一批其他荣誉，同样不涉及宪法问题，而且它们的象征内容更加简洁有力：橡树叶环，即以橡树叶编织的公民冠，是对在战场上拯救同袍于危难中的罗马公民的标准奖励，一般由被救之人为表示感恩之情而敬献。他会在余后此生像对待再生父亲般爱戴救主（图2.4）。奥古斯都拯救了所有人的生命。元老院和人民敬献给他这份礼物，永久地背上了这份人情债。月桂树则意味着永久的胜利（图2.5）。在元老院会堂胜利雕像旁边的金盾宣布了他的美德——这并非政府的政策宣言，正如我们解读的那样，是罗马人对奥古斯都展现出的超越人类力量的品质的称颂（图2.6）。

丰富的荣誉仪式是新秩序的一个特点。人们很容易把它们看作统治者的自吹自擂，从而忽略了仪式的真正意义。它是统治者与被统治者之间的交易的一部分。因把自己置于传统的、宪法定义的范围之外，这位内战的胜利者推动了一种

图2.4 公元前19—前18年埃梅拉铸币厂发行的金币，上面印有公元前27年1月13日，由元老院和人民投票为奥古斯都"拯救公民"而授予的橡树叶环和美德盾。

图2.5 公元前19—前18年埃梅拉铸币厂发行的银币，上面显示了公元前27年授予奥古斯都的其他荣誉，其府邸大门两侧的月桂树，以及"Augustus"的称号。

图 2.6 阿尔斯的 Clipeus Virtutis "英勇之盾"的大理石副本。

新表达方式的构建。奥古斯都身上所载荣誉的丰富性和创造性是惊人的：雕像、柱子、凯旋门、祭坛、称号、头衔、仪式和典礼。它们改变了罗马的面貌和公共生活的模式。他以自己超越于凡人的力量拯救了共和国。人们用这些，而不是加官进爵来表达对恩主的感谢。

但他到底拯救了什么？从何种意义而言，他"恢复"了共和制？他真的交出权力了吗？他作为"监护人"和"保护者"的持续存在又是怎样损害了传统政府？

祖先的传统

关于共和，我们必须摆脱这样一种观念，即认为罗马有一部共和国的固定宪法，而奥古斯都未能恢复。事实上，罗马人既没有，也不赞成固定宪法这个想法。他们有的只是一个不断发展和调适的活生生的传统。西塞罗在他的理论著作《论共和国》（*On the Republic*）中强调了这一历史因素——与柏拉图的模式不同，柏拉图认为历史进程是从一种宪法走向另一种宪法，西塞罗看到了在同一传统中逐渐积累的智慧和进步。罗马人不会用一组法律法规来界定国家。法规是至关重要的（尽管塔西佗认为，法规越多，共和国的状况就越糟糕），但它们是与习俗、祖先法则、传统共同发挥作用的，并一代代地传承下来，用来指导民众的行为。《十二铜表法》（*Law of the Twelve Tables*）便是这些遗产之一，它不是僵化和规定性的，而是需要不断阐发和改进的。奥古斯都并非将时钟拨回到古代罗马某一虚构的日期，恢复传统宪法。相反，他声称自己置身于漫长的进化传统之中，为解决目前的问题而搜索过去的最佳先例，并为后代提供了一系列新的解决方案和新的模仿先例（《功业录》）。他认为自己赋予罗马的，不是一个"新政制"，而是一个建立在对过去深刻的尊重基础上的新版本的旧宪法，虽然并不知晓这一"过去"指代的明确时刻。

奥古斯都这种对于罗马的传统，罗马的过去与现在的关系的认知，显然受到了西塞罗的启发，后者已经在《腓立比书》中展示了借"国家安全"之名来掩盖非法权力的方法。此外，他还借鉴了上一代人的大量思想成果，包括特伦提乌斯·瓦罗（Terentius Varro）的不朽之作《人和神的古代史》（*On antiquities human and divine*），该著作探索了什么是真正的罗马传统。奥古斯都的诸多恢复传统之举是依靠这些"古文物研究"的著作，坦率而言，其中一些著作纯属伪造。奥古斯都的愿景在各种纪念碑上得到了表达，公元前19年，他下令在凯旋门的拱顶上镌刻从开国者罗慕路斯到他那个时代的所有胜利者的姓名，并在新广场上立起了过往时代罗马伟人的雕像"作为榜样"。他自己宣称："借此，公民能够在他有生之年衡量他，随后衡量后代的元首。"[苏埃托尼乌斯，《奥古斯都》（*Augustus*）]同样的观点也支撑了维吉尔的《埃涅阿斯纪》笔下罗马历史的图景：奥古斯都是尚未诞生的大批英雄的顶峰，他们使埃涅阿斯的使命值得实现，这是朱庇特的预言之一，他将实现罗马建立、世界统治和普遍和平与正义的计划。

就像随着时间的推移，人们可以一个接一个地更换汽车的零部件，直到最初的机器痕迹全无，却继续把它当作同一辆车一样，由于历史的连续性将新的和旧的结合在一起，所以有理由认为奥古斯都是在"恢复"共和制，尽管他对之进行了许多实质性的改革和更换。抱怨他没有恢复内战前的现状是迂腐的，他没有声称要这样做。另一方面，人们也有理由反对罗马传统的某些特征,如果不从根本上改变其本质,就无法进行修复。有人会说奥古斯都在权力结构上做出的改变是如此彻底,以至于他的"恢复"纯粹是一种虚伪的姿态。

主权

主权问题是最根本的问题。"respublica"("共和国"或"共和")这一名称隐含着主权属于罗马公民以及罗马公民的机构之含义。就像典型的希腊城邦一样,罗马是一个城邦,也就是说,它是一个拥有法律规定的公民团体,公民根据法律享有平等权利,并拥有决定战争或和平的权利。和其他城市、国家一样,公民经常集会,无论是在城市中心、罗马广场还是附近的其他地方,投票选举他们自己的年度执政官,颁布法律,并就战争与和平等问题做出裁决。

元老院

罗马共和国的关键特征是元老院的权力,这是一个现代神话。罗马的民主不同于(尽管希腊人用民主来形容"respublica")雅典式的民主,普通公民的权利在很多方面受到极大的限制。复杂的选举安排使投票极大地偏向富人,此外,人们受传统的社会庇护关系的约束,富人可以将他们的经济、社会和宗教力量转化为政治影响力。如果把罗马比作一个希腊国家，那就是斯巴达，而不是雅典。但即使在不民主的斯巴达，尽管它有两位国王和一个终身成员制的议会，其公民机构依然是至高无上的。

至于罗马，我们可能会被一个几乎是一小群家族的世袭种姓，即所谓的贵族，所建立的钳制所震撼。但他们统治地位的一个重要特征是，这是通过一种普选制度来实现的。统治阶级的成员通过各种手段，无论是在这一领域证明非常有效的世袭的荫庇关系、沽名钓誉、寻求民众的支持，还是阴谋和公然的贿赂，统治阶级的成员意识到必须尽力争取公民的选票来获得权力。在内战前的一个世纪，公民的选票变得越发重要，作为精英成员冒着得罪同侪，危害本阶级利益的风险施行了造福下层公民的措施。尽管罗马公民可能从其统治阶级那里受到了不公平的待遇，但统治者的权力直接来源于他们。

因此，将元老院作为考察奥古斯都权力的中心偏离了正确的方向。奥古斯都竭尽全力地复兴了传统的元老院，谨慎地保留了传统模式和元老的数量，审查了其成员资格和程序，并成立了一个委员会对重要事务进行初审，理论上提高了效率。当然，帝国元老院的整个基调与共和国完全不同。最明显的是，它专注于为奥古斯都本人设计新的荣誉。但目前尚不清楚它是否失去了（或曾经拥有过）任何主动权。同样，我们倾向于将一些共和国贵族家族视为失败者（尽管事实上，奥古斯都倾向于支持内战中少数贵族的幸存者，并通过与贵族的联姻来巩固自己的家族势力）。但是，罗马人可能会反驳说，这些贵族一开始就没有权力。强大的集团威胁着人民的自由和主权。

但奥古斯都统治下的公民权利呢？他们是内战的主要受害者。从庞培和恺撒到包括屋大维在内的"后三头"同盟，都利用了他们的普遍支持，利用公民团体的两个重要组成部分——军队和城市群众，篡夺人民的权利。民众的普遍支持使公民权利的中断具有了合法性色彩。统治集团很自然地将高级官吏分配给自己的支持者，有时甚至提前了几年。执掌和平和战争的军队指挥官亦由他们任命。公民团体则只剩下仪式性作用。

选举

理论上且部分在实践中，公元前27年，奥古斯都恢复了"选举"这一人民主权。选举即使在现代社会也是结束军事专政或政党独裁的关键考验。恢复后的选举公开举行，充满竞争，常伴随着骚乱，贿赂问题再次出现，这是考验选民的一块很好的试金石。当然，在这种情况下，奥古斯都认为有义务"为了共和国的利益"进行干预。除此之外，他很有节制地使用个人影响力去支持某一候选人，通常局限在不损害整个过程的前提下。阿格里帕在朱里亚神庙的战神广场建造了一个宏伟的新投票大厅，这是他恢复自由选举的诚意保证。迟至5世纪，当元老院在寻找合适的方法来纪念奥古斯都倍加哀悼的外孙盖乌斯和卢修斯时，选举程序提供了一个足够明显的机会（一些选举小组就是以他们的名字命名的）。

然而，恢复自由选举的人，也是将其灭亡之人，这一悖论深刻地反映了奥古斯都角色的矛盾性。确切地说，这种情况只在他作古之后，直至公元14年提比略即位后才发生。声称遵照奥古斯都的遗言，提比略宣称在将来要在元老院内做决定。选民会发现他们只能在被提供的一批固定的候选人之中做出选择。有趣的是，奥古斯都在有生之年始终无法迈出这一步，因为这样做便象征着他所恢复的人民主权之废除。但事实上，采取诸多措施来促成这一目标实现的正是他。

除非候选人有机会接触选民，否则选举毫无意义。共和派的贵族之掌权非出于世袭，而是成功的自我标榜：壮观的凯旋式，醒目的公共纪念碑，奢华的仪式……这些给他们带来了声望和人气。同样，奥古斯都的权力也归功于人气，他不能容忍任何迹象的竞争存在。的确，在公元前1世纪20年代，在共和制恢复之后，古老的自我标榜传统继续着，就像在内战时期一样。但随后，奥古斯都逐渐无情地扼杀了任何对他荣耀垄断地位的挑战。罗马最具特色的传统之一的凯旋式，在公元前19年之后就不再举行，成了在未来保留给皇室的特权。奥古斯都曾经鼓励各种各样的杰出人物在城市里建立了公共纪念碑，但那只是在他统治的初期。有一段时间，在公元前十几年的时候，负责铸造硬币的年轻元老们复兴了这一传统，他们至少在硬币的一面印上自己的家族徽章，几年之后，货币上却只能看到奥古斯都和他家族的面孔和功绩。各种表演，尤其是角斗游戏，吸引了大批观众，但新的规定对除了皇帝之外的任何操办人的支出进行了严格限制，而皇帝操持的演出却变得越来越铺张。

奥古斯都如何把罗马城从一个充满竞争的地方变成了一个帝国的秀场是第四章探讨的主题。然而，从一件微不足道的小事件上，我们窥见了他对民众支持的垄断以及对可能出现的竞争对手的镇压。在公元前1世纪20年代末，一位名叫埃格内修斯·鲁弗斯的富有进取心的年轻元老院议员，供职于负责城市道路和建筑的艾迪勒办公室，他似乎发现了一个青史留名的机会，于是组建了一支由数百名奴隶组成的常设消防员部队。令人惊讶的是，虽然罗马常受火灾的困扰，之前却并不存在任何一支消防力量。这年年底，他吹嘘说，他把这座城市完好无损地交给了他的继任者。在一股群众热情支持的声浪中，他被破格直接选为大法官，没有法律规定的时间间隔。几年后，他枉顾规则，竞选执政官，但他远远达不到该职位的最低年龄限制。他拒绝撤回竞选，社会上也出现了声援他的暴力公众示威，最终，这个被当局视为"角斗士"的人被逮捕，并被当作谋逆者处决。此人心存挑战奥古斯都的意图是绝对不可以的，但奥古斯都太清楚自己的权力来自煽动民众骚乱的能力，所以他绝对不允许他人参与游戏。

公民恢复了选举权，但此时的选举早已贬值。在共和制度恢复后，最优先考虑的是国内和平与避免冲突，故而投票过程必须是负责任的：避免贿赂和滥用职权，避免暴乱和混乱，收敛激情。在不知不觉中，投票变成了仪式：变成了展示它与历史以及罗马传统还维持着明显的联系的"集会上的反复咏吟"。更为甚者，在选民真正选择的伪装被抛弃后，公元5年的选举变成了纪念皇室已故王子的哀悼场，这甚至已经背叛了它的仪式功能。公元19年小日耳曼尼库斯逝世和公元23年德鲁索斯逝世时故态重演。

士兵和平民

与投票一样，持有武器的权利是公民自由的保障。自公元前8世纪希腊罗马世界第一次出现城邦以来，全副武装之士兵的军事意义和政治话语之间就一直存在着密切的联系。几个世纪以来，罗马人在属于城市边界外的军事区域的战神广场（Campus Martius）集会，投票决定战争问题。士兵和平民没有所谓兵或民的职业分别，而是在不同时间和地点发生了身份的转变。在城市界域（pomoerium，毗连城墙的地区称为波米里姆，波米里姆即罗马城的界域）以内，公民必须放下武器，穿上托加长袍，指挥官必须放弃他的军事统辖权。只有在凯旋式的游行中，这条规则才会被打破。

公元前两个世纪的大规模战争意味着这种区别不仅仅是

理论上的，每个公民都有义务参加长达16年的兵役，而且在任何时候都有多达20%的公民在服役，逃避义务的可能性很小。特别是在共和国的最后一个世纪，即使是最贫穷的公民，其军事重要性也上升到统治阶级甘心对其做出巨大政治让步的程度，尤其是在分配土地和向城市大众提供补贴或免费粮食方面。

奥古斯都改变了士兵和公民的关系。他的权力是建立在公民武装力量的支持之上的，他的最高政治优先项必须是确保无人能够使用军事力量挑战或破坏政权。这意味着公民兵不能继续是一个自由的个体，他的忠诚必须是毋庸置疑的。为了确保这一点，奥古斯都重新划定了平民和士兵的界限。军事建制由大约28个军团组成，结束了每年一次的不可预测的征兵和遣散。兵役期由间断性的总计16年改为连续服役最少20年，甚至25年，工资和遣散费的比率是固定的，迈出了从公民兵到职业军队关键性的最后一步。

受每年一次的个人忠诚宣誓的约束，这些士兵成为恺撒的军队。他们是一个不同的群体，正如讽刺作家尤维纳利斯（Juvenalis）在一个世纪后抱怨的那样，他们总是不遗余力地对平民炫耀。奥古斯都也丝毫不回避这种差异，当他重新制定比赛就座规则时，士兵和平民被要求分开就座。更引人注目的是，在他颁布的婚姻法中，士兵是唯一不被鼓励结婚的群体，他们甚至被禁止在服役期间结婚。

边界就这样重新划定了，旧的地方边界消失，但仍然倾向于将武装人员留在城市的仪式性边界——波米里姆之外。公共集会场所出现的军队，其戒严的意象过于明显，会唤起民众对往昔不幸的动乱岁月的回忆。但是公共秩序的维持需要警员的存在，在奥古斯都统治期间，驻扎在首都的军队人数倍增，包括新城市长官统辖的三个大队，以及消防长官统辖的七个大队。最后，城市边界上出现了不祥的存在——禁卫军。凯旋式不再是唯一能在城里看到军队的场合了。事实上，凯旋式已经停止举办，因为职业军队的出现，使得凯旋式作为军事行动的成功结束和使公民恢复平民生活的一项标志，已经失去了意义。

归根结底，奥古斯都剥夺了公民的权利。没错，他曾煞有介事地大肆宣扬公民身份的价值，他曾立法确保公民身份仍旧是一份特权，还专门对主人解放奴隶将之变为公民的自由加以限制。那个时代，人们的抱怨主要集中在对道德上让人无法容忍之人（例如卖淫之人）的解放来得过于轻易。奥古斯都在实践中几乎没有阻止大量自由人的拥入，但至少他用法律凸显了公民的"尊严"。他鼓励"罗马人，世界的主人和身着托加长袍之人"穿民族服装（苏埃托尼乌斯在《奥古斯都》中引用维吉尔的《埃涅阿斯纪》）。他自己的行为被夸张地称为"公民范儿"（citizenly），这是"civilis"一词的一种新的用法，用来形容那些在公民社会中，表现得有公民样儿的人。但是，对公民身份以及公民身份所保证的自由的最终考验，是公民是否有真正的政治选择权。然而，在奥古斯都整饬后的城邦中,公民的政治选择权变得子虚乌有,就像在亚克兴战役之后一样。

第三章

皇宫和宫廷

对奥维德来说，拿奥古斯都和朱庇特作比较是他最喜欢的主题，他在史诗《变形记》的开篇就利用众神集会的时机，对众神的住所和罗马的帕拉蒂尼山（Palatine Hill）进行了详尽的比较：

> 在万里无云的天空中，有一条天道，
> 它的名字，银河，如此恰当地反映了我们所目见。
> 天庭的帝王大厦坐落在这条大道；
> 在左右两侧，各尊贵的神都有自己的住所，
> 他们的厅堂，从敞开的门直通大街。
> 卑微的人住在别处；而荣耀的和伟大的，
> 高贵的神把它变成了他们专属的座位。
> 这个地方——如果我可以大胆地使用我的语言的话——
> 我会毫不犹豫地把它命名为天神的宫殿。
>
> 奥维德，《变形记》

奥维德让我们重新领略了帕拉蒂尼山昔时的辉煌壮丽，而那要追溯到砖墙混凝土和多米提安宫殿（Domitian's Palace）占据整座山之前的岁月，现在它在地面上已经荡然无存了，只在地基上留下了早年的碎片。奥古斯都统治时期的

帕拉蒂尼山仍然是贵族的住宅区，就像它在共和国统治下一样。新近在山脚下的发掘证实了奥维德描述的那种类型的宅邸的存在。这些宅邸围绕着中央接待大厅，即中庭而建，这些中庭传统上全天候对街道开放，方便客户和其他来访者进入。从公元前 600 年到奥古斯都时代，它们的基本结构一直没有改变。奥古斯都自己的宅邸也建在贵族宅邸环绕的主干道上，比奥林匹克万神殿（Olympic Pantheon）的其他地方位置优越，但在性质上并无不同。

它有助于我们了解奥古斯都与罗马传统统治阶级的关系。倘若说他篡夺了共和制度下贵族的权力，压迫共和派的古老世家，提拔出身卑微的"新一代人"取而代之，则大错特错。如果他想毁灭古罗马，他也许会这么做。但作为共和制的恢复者，他小心翼翼地保护和尊重古老的家族，将他们团结在自己周围。他没有摧毁他们，而是将他们从权力植根于民众支持的独立的个体，转变为自己的朝臣。

奥古斯都的宅邸

作为罗慕路斯最初建立城市核心之地，帕拉蒂尼山广受尊崇，且可以直通罗马广场，故而一直是政治上野心勃勃者的主要活动场所。公元前 50 年前后，比邻而居的西塞罗和克劳狄乌斯之间的恶战（克劳狄乌斯拆毁了对手的房子，并试图将其改造成神殿）表明了这个地方具有多么重要的象征意义。尽管奥古斯都的家族来自阿尔本山的维利特莱,但他在帕拉蒂尼出生,当时他的父亲已开始了元老院议员的生涯。后来他便定居在此,接管了西塞罗的竞争对手霍腾休斯的房子。霍腾休斯从他的法官生涯中发了大财,过着奢华的生活。

但让后来的游客印象深刻的是奥古斯都宫殿之简朴。正如他的传记作者苏埃托尼乌斯所描述的那样,宅邸并不是特别大,也没有华丽的装饰——房间里没有大理石饰面或精致的人行道。当许多富人随着季节的变化而更换卧室时,他却在同一个房间里睡了40年。当然,像卡利古拉和尼禄这样的继承者奢侈无度的生活让人们很容易夸大奥古斯都简朴的形象,但最近几年发掘的房屋碎片(图3.1)佐证了这一点。

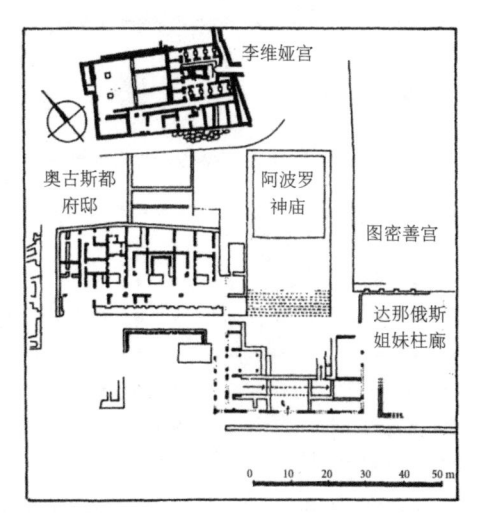

图3.1 在帕拉蒂尼山上所谓的奥古斯都住宅的平面图,后来处于支离破碎的状态。达那俄斯姐妹柱廊和图书馆一定在阿波罗神庙前面。所谓的李维娅宫也必须是奥古斯都府邸的一部分。(作者的想象图。)

最近的考古有了更多的进展（图 3.2）。要想对当时的豪华住宅有个印象，我们最好去看看台伯河对岸可能属于阿格里帕的别墅，那里有许多可爱的壁画。

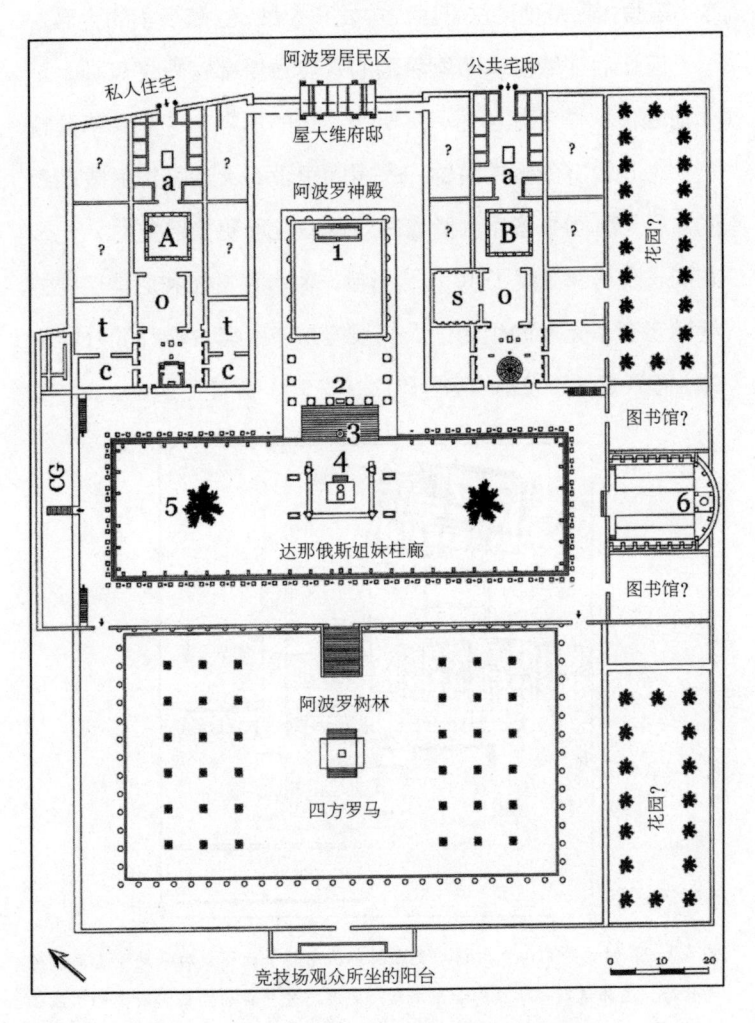

图 3.2 推测下的奥古斯都府邸复原图（布鲁诺和卡兰迪尼）。

在规模上，奥古斯都的府邸肯定比不上尼禄和后来的皇帝为自己建造的宫殿。他在帕拉蒂尼拥有的财产比任何人都多（在他的统治期间，他获得的财产越来越多），他把这些财产分割为一系列独立的住宅，供他家族的不同分支使用。奥古斯都非常擅长于巧施手段将自己的住所打造成类似于天国之王在人世的居所。

他占据了山顶的地利，而隔壁邻居碰巧是罗慕路斯，一座普通的小屋不可思议地被视为罗马城最初的创始人之一的居所被虔诚地保存在那里。毗连的便是奥古斯都宅邸之前门，从公元前27年开始，它就以门柱上装饰月桂树，门上悬挂橡树叶环的非凡荣誉来展示自己的与众不同（图3.3）。但最重要的是，奥古斯都用众神创造了一种私人与公众、人与神的独特交织。

图3.3 铸币者卡尼努斯·加勒斯发行的金币（公元前12年）显示奥古斯都府邸的前门两侧有月桂树，上面有橡树叶环。

为了致谢神在亚克兴赐予的胜利而建造的新阿波罗神庙，于公元前 28 年竣工。诗人们纷纷为之称颂：贺拉斯谦虚地向新神祈祷，不是求富，而是为了健康长寿（他坚持素食）和音乐（《颂歌》）；维吉尔把神庙描绘成埃涅阿斯对库迈女祭司的还愿（《埃涅阿斯纪》）；奥维德则厚颜无耻地暗示说，这是一个结交漂亮女孩的好地方 [《爱的艺术》（*Art of Love*）]；普罗佩提乌斯给出了最具爱意的描述：环形的金色柱廊排列着非洲大理石柱和达那俄斯的女儿们（因谋杀丈夫而被罚循环往复地用漏勺汲水）的系列雕像、美丽的神阿波罗的银币、迈伦的青铜母牛雕塑和亮白色神庙（《挽歌》）。对诗人来说，它最具吸引力之处就是为罗马增加了最好的希腊和拉丁文学图书馆。

参观神庙以及柱廊里的达那俄斯姐妹雕像的人们络绎不绝。这里是奥古斯都接见外国大使和召集元老院会议的地方。奥古斯都的宅邸与阿波罗神庙挨得很近，虽然人们不再相信存在一条土堤斜坡可直接从宅邸通往神庙，但宅邸无疑是寺庙建筑群的一部分（参见图 3.1 和 3.2）。似乎与神祇同住还不够，公元前 12 年，当奥古斯都担任大祭司时，他宣布整栋宅邸都是公共财产，以便能够把对灶神的崇拜转移到自己的家中。可以这么说，奥古斯都任何个人的谦逊，都由宗教的庄穆获得了充分的补偿。

贵族

那他高贵的邻居们呢？几乎没有证据表明，他们坐在那里咬牙切齿，密谋推翻这个新来的人，恢复真正的共和制。奥古斯都宽恕了他的老对手们：要获得普遍拥戴，这项政策必不可少。卢修斯·多米提乌斯·阿赫诺巴布斯是恺撒最痛恨的敌人之一，他于公元前49年为高卢与恺撒作战，并在法萨卢战败。卢修斯·多米提乌斯·阿赫诺巴布斯的儿子格奈乌斯也曾为庞培而战，后来又为解放者而战，对抗"后三头"同盟。卢修斯·多米提乌斯·阿赫诺巴布斯最终加入了安东尼的阵营对抗屋大维，这是他最后一次改变立场，可惜亚克兴战役开始的几天之后他便死去。尽管其家族一直反对恺撒，格奈乌斯的儿子卢修斯却受到了奥古斯都家族的欢迎：他娶了奥古斯都的侄女安东尼娅为妻，担任了高官，在日耳曼指挥军队，他是尼禄皇帝的祖父。贵族的末日是被同化吸收，而不是被消灭。

奥古斯都并非贵族之敌。公元前29年，执掌大权的奥古斯都增加了拥有贵族身份的家族的人数，后者已因内战渐趋凋零。在他统治时期，新老贵族在公共生活中加速晋升。毫无疑问，他们的作用更多是装饰性的，而非执掌实权，但在新秩序中，对昔日的缅怀是不可或缺的，而且奥古斯都很喜欢身边簇拥着昔日英雄的后代。

奥古斯都也会有反对者，但不是由古老的贵族家族牵头。

据说，年轻的贵族科尼利厄斯·辛纳·马格纳斯策划了一个阴谋，其结果仅仅是被奥古斯都训斥了一番，后来竟被提拔为执政官。憎恨奥古斯都的大有人在，他时刻面临危险——一位希腊哲学家朋友试图警告奥古斯都这种危险，他乘坐一辆密闭的轿子来到奥古斯都面前，然后挥舞着一把剑跳出来。但威胁从来都不是来自有组织的"反对党"或"元老院反对党"。公元前22年发生了一场严重的谋逆危机，李锡尼·穆丽娜和法尼乌斯·卡皮奥两位元老院议员因此丧命。但倘若认为他们是在为元老院广泛反对奥古斯都的人而发声，却是现代人的牵强附会。

军事独裁的真正威胁来自统治集团内部。那些独裁者依赖和信任的人最适合发动一场政变，一场宫廷革命。对奥古斯都而言，最具报复心的人不是他的宿敌，而是变节的密友。无名小卒萨尔维迪努斯·鲁弗斯在内战中被他提拔为高级指挥官，后来被宣布为公敌，并因涉嫌密谋陷害奥古斯都而被处死；诗人克奈利厄斯·加勒斯也是一名士兵，克利奥帕特拉死后，奥古斯都将埃及托付给了他，但后者却忘恩负义，从而失去了奥古斯都的信任，最终被迫自杀。

宫廷和庇护

尽管公元前27年恢复了共和制度，经历了20年的内战，政治格局已经发生了不可逆转的变化。对于那些追求地位、财富或名声的野心家而言，重要的是现实而不是表象。事实是奥古斯都控制了重要的资源，而获得他的青睐是一个人实现抱负的关键。庇护一直在润滑着罗马政治的车轮。贵族在卑微的大众支持下参与到政治斗争中，这样的画面距离真相甚远。真正的情况要复杂得多，这是一个错综复杂的关系网，由推荐、援助、互施恩惠、行贿受贿等支撑。亚克兴战役的胜利者迅速被推上了庇护和阴谋网络的中心，而且，无论奥古斯都本人如何否认自己的控制，只要他拒绝允许其他以民众的支持和军事胜利为基础的独立的权力存在，野心勃勃的人必然会把目光投向他，以及他的朋友和朋友的朋友。

这就是宫廷的意义所在。受迫害者不是元老和贵族，而是他的朝臣。社会生活幕后的社交、宴会和娱乐——奥古斯都努力维持共和国的平等"公民"社会礼仪，并压制东方朝廷式的阿谀奉承之风——是对利益和进步的迫切追求，而关键的政治和军事任命都是由朝廷做出的，这已经是一个公开的秘密。

即使在公元前27年恢复共和制度之后，大部分官吏的任命仍然掌握在奥古斯都手中。"恺撒"的省份（相对较新的征服地区：高卢，西班牙，莱茵河和多瑙河地区，叙利亚和黎凡特，埃及）由他选择的使节（legates）统治，通常是与普通总督相同的元老院级别，尽管埃及总督是骑士级别。作为最高指挥官，军队中各级军衔、元老院、骑士团及以下军衔均由他控制。随后，在罗马出现了新的准军事行政区。此外,"恺撒"的省份的财政和税收由他从骑士阶层的朋友或自由人中任命的"代理人"(procurators)管理。除此之外,皇帝的私人领地也因没收内战中敌手的地产以及行省区域的扩大而扩大,在这里,他也任命了"代理人"去管理。

恺撒的庇护网为一些人的仕途和发财提供了额外的机会。譬如,他的"代理人"之一,来自纽凯里亚的骑士普布利乌斯·维特里乌斯的四个儿全部晋升为元老院议员(其中一人成为克劳迪亚斯的主要朝臣,是未来皇帝的父亲)。普布利乌斯·维特里乌斯的出身无疑是卑微的,而尖酸刻薄的演说家卡修斯·西弗勒斯(Cassius Severus)因为侮辱像他这样的人而被流放——他说普布利乌斯·维特里乌斯祖上是一个衣衫褴褛的奴隶。奥古斯都统治时期创造了巨大的社会财富,大量宏伟的别墅就是明证(沃卢西人在卢库斯·费罗尼亚的富丽的别墅就是一个很好的例子)。宫廷中的人脉是实现这种繁荣不可或缺的途径。为了他们自己,也是为了充分地施惠受其庇护的人,让那些更低层次的人有攀爬之梯,他们需要得到皇帝的青睐,或者皇帝耳目的青睐。

由奴隶和释奴组成的奥古斯都宫廷人员尚未形成足够的影响力和声望,直到克劳迪亚斯让这些人在执政官的陪同下公开游行。但是,在整个统治期间,已经发挥了巨大影响力并被证明是阴谋焦点的庞大集团是奥古斯都本人的家族。如果奥古斯都是这张网的中心,他们就是网中心周围织出的第一批经线。

神圣的家族

奥古斯都的崛起要归功于他与恺撒（他母亲的母亲的兄弟）的远亲关系，他不能低估家族关系的力量。在整个职业生涯中，他非常倚重姻亲纽带，这是一种传统的罗马政治策略。在这一策略中，女性的作用尤为重要。事实上，他只有一个孩子，即他与第一任妻子斯克里博尼娅所生的女儿尤莉娅（Julia），但他利用她进行了三次联姻[与马塞勒斯（Marcellus）、阿格里帕和提比略（Tiberius）]，她生了五个孩子。公元前39年，奥古斯都与李维娅（Livia）的第二次婚姻将她前一段婚姻的两个儿子[提比略和德鲁斯（Drusus）]带入了家族圈。然后是奥古斯都的妹妹奥克塔维娅（Octavia），她第一次婚姻嫁给了盖乌斯·马塞勒斯，生了一个儿子马塞勒斯，和两个名字都叫安东尼娅的女儿。这些后代是进一步联姻的来源，他们各自开枝散叶，形成不断扩展的家族网络，提比略、卡利古拉、克劳狄乌斯和尼禄都是它的一分子。家族阴谋的一个明显焦点是继承问题。奥古斯都身体孱弱，加上他遇刺的机会较大，那些着眼于未来的人必须时刻考虑谁将接替他的位置。但王位继承只是宫廷权力关系中的一个因素。因为任何家庭成员，无论是否是继承人，每个人都能对皇帝施加一些影响，也都可以培养自己的权力。如果皇宫是帝国的逐鹿场，城市与城市之间、群体与群体之间、个人与个人之间的竞争，都由帝国仲裁解决，那么家庭成员就不可避免地陷入冲突和竞争的模式。他们不仅相互竞争以争取让自己（或他们支持的候选人）成为下一任"奥古斯都"，而且在更广泛的意义上争夺影响力，为自己的支持者谋取利益。这种宫廷派系斗争在下一任统治时期，即塞亚努斯和阿格里皮纳的"派别"之间的冲突中变得非常突出。但积弊从一开始就存在，且如滚雪球般越来越大。

因此，理解奥古斯都统治时期政治发展的一种方式是，观察奥古斯都家族内部不同群体的演变。虽然有些简单化，但可以将其划分为三个时期：奥克塔维娅仍有一定影响力的帝政尚未占主导地位的早期，李维娅和尤莉娅之间激烈竞争的中期，李维娅统治的晚期。

早期：奥克塔维娅

在"后三头"同盟时期，奥克塔维娅在她哥哥的身边扮演着重要的角色。起初，她的作用是确保她哥哥和安东尼的联盟（就像恺撒的女儿尤莉娅和庞培的婚姻使他们的联盟紧密相连一样）。她的第一任丈夫盖乌斯·马塞勒斯（盖乌斯·马塞勒斯和她育有一子）在公元前40年亡故后，她嫁给了安东尼。她扮演了模范妻子的角色，不仅生了两个女儿，还高调地用自己标榜的忠诚来回应他公然的不忠。和外国的妖艳女子克利奥帕特拉之间的尖锐对比，使安东尼在道德上和舆论上处于不利地位，这恰好帮助了她的哥哥。奥克塔维娅保持着模范母亲的角色，离婚后（公元前32年）继续抚养自己的孩子马塞勒斯和两个安东尼娅，并在安东尼死后继续抚养他在前一段婚姻所生的儿子伊乌勒斯·安东尼。

奥克塔维娅在公元前1世纪30年代成为人们关注的焦点。把活人的面容铭刻在罗马硬币上在当时仍然是一个新奇而大胆的想法（图3.4），她是首位以这种方式出现的罗马女性，并为未来的帝国女性树立了榜样。她的杰出声望一直持续到公元前1世纪20年代，这反映在其子马塞勒斯的迅速晋升上。公元前25年，马塞勒斯迎娶奥古斯都的女儿尤莉娅，公元前23年，19岁的他成为一名市政官。奥古斯都对他非常宠爱，斥巨资资助其举办盛大的竞技运动会。当时的罗马广场长期张挂着露营的帐篷，这一盛景给人留下了特别的印象。

图3.4 公元前39年印有安东尼头像的蛇篮银币，安东尼旁边是奥克塔维娅。

但公元前23年也是危机四伏的一年，这种王朝危机除了通过揣测，是不可能还原真实面目的，因为所有涉事人均要保守秘密。奥古斯都濒临死亡是一系列王朝危机中的第一个——他被安东尼·穆萨医生用冷水浴救了下来。穆萨以前是安东尼家的成员，因此也是奥克塔维娅家族的一员。在即将西去之时（他自认为），奥古斯都把他的图章戒指交给了阿格里帕，把国家文件交给了他的同僚执政官。人们可能无法想象将有一个继任者来接替奥古斯都视为禁脔的皇位，看起来似乎阿格里帕比马塞勒斯更受青睐。坊间议论纷纷，奥古斯都康复后提出宣读他的遗嘱——此举意味着什么？马塞勒斯肯定是主要受益者之一，因为阿格里帕即刻被派往东方处理国事，也可能只是为了缓和奥古斯都家中的紧张气氛，不过谁人欢喜谁人忧，我们只能猜测。

同年晚些时候，马塞勒斯去世了，尽管穆萨也给他采用了同样的冷水浴治疗。危机结束了，流言却没有终止。至于到底发生了什么，是否像流言所说，李维娅诱使穆萨毒死了马塞勒斯？我们没有必要打破砂锅问到底——即使我们是宫墙上的苍蝇，也无法确知每个人脑袋里在想些什么。而同时代的人也只能猜测。但观察他们猜测的方式同样是饶有趣味的。这种危机揭开了宫廷政治的面纱，让人们短暂窥见了其中的玄机。然而你所看到的并不是直截了当地、毫不含糊的事实，而是类似于一个由谣言和阴谋构筑的蜂房，在一个由否认和伪装支撑的家族权力中，人人试图猜测皇帝和其他人，掩盖自己的意图，揭露别人的动机。

奥古斯都在这次危机中吸取了教训。首先，他明白了化解家庭内部敌对和紧张关系的重要性。他的女儿、马塞勒斯的遗孀，很快嫁给了阿格里帕，缓解了一种潜在的紧张局势。其次，他认识到必须有一种更有效的方式来标记和传递至高无上的权力，于是他设计出的"保民官特权"成为最高的帝政权力。五年后，他与阿格里帕分享了这一权力，随后又与实际继承人提比略分享。最后，他了解到大众对他的家人怀有的拳拳之情。以隆重的仪式把马塞勒斯安葬在新的陵墓里，后来，为了纪念他，一座新剧院落成。但最有力的纪念是诗歌。《埃涅阿斯纪》的核心场景，是埃涅阿斯在冥界目睹了等待投生的罗马名人的景象，是英雄的过去和新罗马的概念之间的重要转折点（第六卷第756—886行）。这场英雄的盛大检阅有一个明显的轨迹，从埃涅阿斯的后裔到罗慕路斯，再到历代罗马伟人，最后在奥古斯都达到了高潮，他是应许中的要重新建立黄金时代，把罗马的统治扩展到世界的尽头之人。但维吉尔回避了显而易见的问题，让应许的奥古斯都紧随罗慕路斯之后，在开头之后不久便进入高潮部分，接下来的众英灵中可能会有一个更大的高潮，一个可能比奥古斯都更伟大的高潮。基于这一预设，埃涅阿斯看到了这个俊美的青年，他身穿夺目的盔甲，周围的人都对他欢呼簇拥（这些同伴就是宫廷的意义所在）。他头顶上方笼罩的阴影、安喀塞斯神（特洛伊王子，埃涅阿斯的父亲——译者注）眼中的泪水、对战神广场葬礼的回忆，所有最伟大的英雄未实现的承诺，在这一刻达到了一个高潮，使读者产生共鸣，坠入一种失落和空虚的情绪中：

061

你就是马塞勒斯。来吧,

让我向我的后代的亡灵撒出这满把的百合,撒些紫色的花,

用这样的礼物,聊表心意,

尽一份没有多大用处的责任。

奥克塔维娅闻及此言伤心欲绝之类的传闻似乎是陈词滥调。无须告诉这位母亲,她儿子的死是罗马命运的最大悲剧,因为她已经不胜悲痛。事实上,我们得知,奥克塔维娅从此一蹶不振,她退出了宫廷生活,一直过着离群索居的生活,直到十年后去世。

值得注意的是家族中一位年轻成员如何成为凝聚公众强烈情感之工具。奥古斯都对外孙盖乌斯(Gaius)和卢修斯(Lucius)之器重要远远超过马塞勒斯,而公众对其亡故所表达的悲痛也更加夸张。但只有维吉尔才能说服我们,华丽的语言和姿态背后可能是真实的感情。

中期:尤利娅和李维娅

早期的帝政主义是试探性的,在马塞勒斯之死的极度悲痛中,这一点才变得明朗起来。奥古斯都从自己的妻子和女儿那里找到了马塞勒斯的替补,李维娅的两个孩子,他的继子提比略和德鲁斯正值青春,正好可以担负马塞勒斯遗留的

重担。公元前20年，22岁的提比略接受了帕提亚归还的33年前克拉苏败北后夺走的罗马军队的银鹰旗。奥古斯都对使用外交途径解决帕提亚问题的事迹做了大量的宣传，作为其统治时期一项伟大的胜利。提比略和德鲁斯继续进行罗马历史上最成功的征服运动之一，在钳形军事战役中征服了高山峡谷地带，从瑞士到奥地利（公元前16—前13年）、莱茵兰和日耳曼境内直到易北河流域（公元前13—前9年）以及从奥地利到阿尔巴尼亚的多瑙河以南的土地（公元前13—公元6年）。公元6年，提比略横扫多瑙河北部，挺进中欧东部边缘，却因后方边境的起义而受挫。

李维娅的儿子们并没有失去人们的认可，但最引人注目之处在于他们的荣耀严格从属于奥古斯都。从理论上讲，后者是军队最高统帅，这些征服行为都是在他主持之下完成的。从实践上来说，北征行动实现了中央的统筹调配和长远计划。此类军事行动极有可能是罗马历史上的首次，但结果是，提比略和德鲁斯为他们的继父赢得了荣誉（图3.5）。

图3.5 提比略和德鲁斯向端坐的奥古斯都敬献胜利的月桂，这是奥古斯都第10次被拥戴为凯旋将军。

在罗马郊区第一门（Prima Porta）一处有可能属于李维娅的别墅里发现的奥古斯都身着盔甲的雕像（图 3.6），将提比略成功使帕提亚重新归附的行动提升至极具重大意义的事件。在胸甲雕刻的画面中，着戎装的青年人的侧影面对身着宽松裤子的帕提亚国王，这一形象被赋予丰富的象征意义。上方刻画着天堂的镜像，下面是大地之母的化身和她丰收的号角；左边是奥古斯都黄金时代的神祇阿波罗，左上方他以太阳神的形象出现，左下方则是手持竖琴的文化神；右边是阿波罗的妹妹，象征着母性和贞洁的女神狄安娜，右上方她是月亮神，而右下方则以骑着牡鹿的狩猎女神的形象出现。正如罗马失去帕提亚被视为愚蠢内战和混乱的象征一样，帕提亚的回归则标志着时代的逆转，罪恶和冲突的终结，秩序、纯洁和富足的回归。这是提比略的荣耀，他就是那个开启新篇章的年轻人，那个应许者：但这一切只会出现在称颂征服

图 3.6 第一门的奥古斯都大理石雕像：胸甲的细节，展示了罗马军旗从帕提亚被带回给年轻的提比略。

者奥古斯都的附属说明里。

征服日耳曼人比帕提亚人的归附更为重要，也获得了应有的隆重庆祝，包括凯旋式，这是自公元前7年提比略获得小凯旋式殊荣以来的第一次。挑战在于既要承认提比略和其弟的功劳，又不能掩盖奥古斯都本人的终极贡献。几年前，贺拉斯以品达为榜样，创作了一首胜利颂歌，他用一个神圣的隐喻来表达这种共同的责任（《颂歌》）。兄弟俩就像朱庇特山上值得信赖的鹰，在阿尔卑斯山的部落中展开翅膀练习飞翔、磨利爪牙：这不仅是高贵出身的胜利，也是教养的胜利，和其父奥古斯都的照拂和精心调教不无关系。鹰的图像也出现在了最精美的浮雕宝石——奥古斯都宝石（Gemma Augustea）上（图3.7）。浮雕有可能在奥古斯都统治末期面

图3.7 奥古斯都宝石。浮雕显示了奥古斯都不仅是由罗马人，而且是由全世界加冕的"朱庇特"，注意他头顶上方摩羯座的标志。他手持占卜的弯钩，以表明他作为最高指挥官占卜吉凶的能力。提比略从凯旋战车上走下来。下面的俘虏包括一个日耳曼人和一个高卢凯尔特人（带金属项圈）。

世，画面中的奥古斯都摆出了神之王的经典姿势，手持权杖，与罗马女神并肩而坐，脚下是他的鹰，最左边是他的人格化鹰提比略，正得意扬扬地从战车上下来。下层浮雕是被拖拽头发的野蛮人俘虏，显示了提比略为奥古斯都所做的贡献。奥古斯都的幸运符摩羯星座环照在他的头顶上方，这象征着给罗马带来成功的是奥古斯都，而不是提比略。

仪式、诗歌和纪念雕刻（奥古斯都宝石的雕刻还有其他内容，现已缺失）显示了奥古斯都在树立继子的公众形象时非常谨慎（着重突出自己的优越性）。但从一开始，对于自己的血亲后代，奥古斯都的态度就颇为不同。尤莉娅于公元前21年与阿格里帕结婚，很快就诞下两子——盖乌斯（公元前20年）和卢修斯（公元前18年）。奥古斯都于公元前17年收养了他们，尽管其生父还活着，这是罗马人创造继承人承袭姓氏和财产的标准方式。因此，他们就有了尤利乌斯·恺撒的名字——通过收养，盖乌斯恰好获得了这位独裁者，即他的外祖父的名字的组合。几年后，他们的头像出现在硬币上，赫然立于其母头像两侧：他们是最早出现在罗马硬币上的孩子（图3.8）。当男孩们进入青春期后，奥古斯都发明了一种新的方式来提升他们的地位：立其为"伊乌文图提斯的元首"。因自己是成年公民的元首，他们便是青年人的领袖。故而，他们手持盾牌和长矛一起出现在铸币上，领导年轻勇士在"战神广场"上操练，并参加由奥古斯都复兴的传统比赛。相比之下，提比略和德鲁斯为他们的继父带来胜利的桂冠（图

3.10)：他们从属于奥古斯都，而盖乌斯和卢修斯则因新的荣誉更为显赫。

图 3.8 印有 C. Marius（C. 马吕斯）的银币，约公元前 13 年。尤莉娅半身像位于其子盖乌斯和卢修斯之间。

图 3.9 铸币者马吕斯铸造的银币，镌刻了尤利娅的头像，约公元前 13 年。

图 3.10 盖乌斯和卢修斯是"伊乌文图提斯的元首"，年轻人的领袖，穿着托加袍，配备有银色盾牌和长矛。这项新荣誉包括在战神广场领导一群年轻人进行游行。公元前 2 年至公元 4 年在里昂发行的银币显示了这一场景。

我们看到，奥古斯都在他统治的中期通过对家族成员委以重任，来指挥军事行动和提升王朝的形象。然而，潜在的冲突同样非常明显，尽管许多细节尚不清楚，但在忠诚度上严重分歧的王室内部，派系的形成是极有可能的。许多在提比略麾下服役的人都希望他能获得晋升，比如，古板而忠诚的韦列乌斯·帕特库勒斯，他在提比略统治时期写了一篇颂词，这些人显然不会像一般人那样对盖乌斯和卢修斯充满热情。

阿格里帕卒于公元前12年，两度守寡的尤莉娅和提比略的再婚，是一个明确的策略，目的是团结这个家族的两个分支——李维娅的儿子和尤莉娅的儿子。但这一策略失败了。公元前9年，德鲁斯离世，提比略则被提升到与阿格里帕同等的地位，从公元前6年起与奥古斯都共同享有保民官特权。然而，次年提比略违背奥古斯都的意愿，出走罗得岛。在奥运会上，发生了支持盖乌斯的特别示威，要求破格任命执政官，不久之后，他被正式宣布"注定"在五年之内就职，比最低法定就职年龄提早22年。尽管提比略用一堆借口掩饰自己的动机，但他无法掩饰自己与尤莉娅、盖乌斯和卢修斯之间的矛盾。提比略的隐退恰恰暴露了家族内存在奥古斯都竭力压制的矛盾，并为更为严重的矛盾爆发埋下了引线。

在公元前2年这一年，新广场上的战神庙落成，奥古斯都担任执政官，并被尊为"国父"。也正是这一年，他发现了自己的女儿过着放荡的生活。据说她在广场上和一群醉醺醺的情人狂欢作乐，玷污了他颁布新法律以加强家庭神圣性的演讲台。暴怒之下，他向元老院报告了事情的全部经过，并援引法律，将自己的独生女儿永久禁锢在潘达特利亚小岛（Pandateria）上，并流放或处决了她的情人。尽管民众游行支持她，但其父的愤怒从未缓和。

我们都希望能走到幕后去一视究竟。35岁左右的尤莉娅是5个孩子的母亲，她真的是淫荡的代名词吗？她在罗马的流言蜚语中待了这么久，父亲怎么可能毫无耳闻呢？在对不道德行为的指责背后，是否隐藏着某种更为黑暗的阴谋？奥古斯都真的据此而为吗？没有任何智慧和证据来回答这样的问题，我们只能凭借作为宫廷观察者的经验来做主观揣测。

毫无疑问，这桩丑闻的道德因素至关重要。道德改革是奥古斯都建构新罗马的核心，他自己的家庭也被奉为道德楷模。这桩丑闻让新政权陷入了深深的尴尬，并造成了切实的损害。不管尤莉娅是否犯有通奸罪，她的父亲显然相信她有罪。似乎看不出尤莉娅能从炮制一个阴谋中得到什么好处，她的两个儿子已经被公开立为王子和继承人，而提比略退隐罗得岛，她在王宫里的影响达到了顶峰。

更有可能的怀疑指向李维娅，这桩丑闻毁了尤莉娅。它还能用来毁灭尤利娅的儿子，使提比略重新崛起，真可谓一石二鸟。很难看出除了李维娅之外，宫殿里还有谁与奥古斯都亲密到可以告诉他自己女儿的通奸之事。尤莉娅很可能是有罪的，但是在当时的情况下，将此告知她父亲定是出于最纯粹的恶意。然而，如果真正的幕后黑手是李维娅，那她的阴谋只起了部分作用。尽管奥古斯都对女儿冷酷无情，但外孙依然备受青睐。盖乌斯在19岁时担任执政官，这一纪录只有奥古斯都才能与之匹敌，他前往东方进行征服，却英年早逝。

后期：李维娅胜利了

在罗马人的想象中，继母是恶毒的生物，她们将毒药倒进丈夫的耳朵里，或将毒药倒进食物里，意图谋害无辜的孩子。由于李维娅成功地襄助其子登上了王位，可想而知罗马人会让她扮演邪恶的继母。无论是公元2年卢修斯在马赛的死亡，还是公元4年盖乌斯在亚美尼亚的死亡，都与她的阴谋不无关系。时人不敢言说的真正想法是，她是一个诡计多端的阴谋家。她的曾孙卡利古拉称她为"穿着衬裙的尤利西斯"。

奥古斯都即使被"痛苦的命运"剥夺了血亲继承人（他的遗嘱就是这样开始的），仍然可以有效地操纵民意。公众对王子之殇流露出的极度悲痛表明，他与罗马人民的关系以这样一种方式永远存续，即他是人民需要的救世主，而不是依靠武装力量的统治者。罗马公众的哀悼折射出整个帝国的公众情绪，就像在比萨的殖民地，人们大张旗鼓地悼念"已经被指定为王子，在品德上最公正，最像其父"的盖乌斯。

提比略从罗得岛归来后，便着手恢复和革新审判法庭的权力，他在司法系统中的势力应该是十分强大的。然而，邪恶的阴谋诡计并未消失，奥古斯都（以及在他之后的提比略）在控制家族内部争权夺利同室操戈方面的无能，足以让我们看清宫廷派系斗争流弊之严峻。下一个受害者是阿格里帕的遗腹子阿格里帕·波斯图穆斯（Agrippa Postumus），他在公元6年失宠，非因举止失当，而是因其性情固执。在他之后的公元8年，第二个尤莉娅倒下了。和其母一样，她也被指控通奸。可能是她和母亲的一群旧支持者正密谋将她的母亲从流放地解救出来，并恢复阿格里帕·波斯图穆斯被提比略夺取的地位。但也有可能是宫廷生活的极度不安全，使得占统治地位的派系无法容忍哪怕是最微弱的竞争气息，且过于急于铲除落败一方的幸存者。在这场游戏中，奥古斯都无助地被人操纵，肝肠寸断：他把自己的女儿、外孙女和外孙称为自己的"三个溃疡"。

宫廷政治必须保持其一贯的模糊性，而我们也只能靠猜测来管中窥豹。但这并不意味着它的重要性是微不足道且仅限于宫廷之内的。随着宫内斗争的加剧，整个政权变得更加不容忍竞争和质疑。在罗马统治的后期，罗马城墙内武装人员激增，言论自由亦受限。诗人奥维德因为一个他不敢言说的"错误"（什么样的政权会惩罚一个甚至说不出名目的"罪行"？）和一首"不道德的诗"而被流放。奥维德是绝无可能反对奥古斯都的，40年后，谁能从取代一个垂死的统治者中获益？但他在宫廷里可能交错了朋友。除了逆风而行，斗胆赞美盖乌斯而非提比略，他的《爱的艺术》还出版于时代交汇之际。

无论事实如何，很明显，到统治末期，政治阴谋的焦点已经决定性地转移，即从公元前 27 年恢复共和制度下的开放圈子，转移到统治者家族的人脉扩展出来的小圈子。

第四章

黄金时代的罗马

罗马是古代城市中的一个象征。维吉尔《田园诗》里的牧羊英雄说："人们称之为罗马的城市，以本人愚见它就像我们的集镇。但它是如此醒目，就像灌木丛中的柏树一样。"到奥古斯都时代，它的人口规模庞大，起伏波动，难以计数——据我们猜测，大约有100万人，已经远远超过了任何城市。它的异质性也令它独一无二：一个由不同民族人群和文化组成的熙熙攘攘的世界性大都会，人们要么是被奴隶制强行带到这里，要么是被需求和野心吸引到这个特殊的财富和权力中心。

> 来吧，看看这一大群人，偌大的城市里所有的建筑物都容纳不下他们：他们中的绝大多数背井离乡，从遥远的城镇和殖民地拥入这里，趋之若鹜。事实上，他们来自世界各地，胸怀各式各样的原因：施展抱负、履行公职、外交、满足奢侈之心（此地为罪恶提供了大量的机会）、对高等教育的渴望、观演的嗜好、友谊的纽带，或者展示美德和勤劳的自由。从说话技巧到身体，这里的一切都可以待价而沽。这里的人们无一不聚集在一座对美德和邪恶一视同仁的城市里。
>
> 塞涅卡，《论宁静》（*On Tranquillity*）

罗马被视为帝国稳定的中心，然而它的动荡令人担忧。奥古斯都要保证帝国的和平与秩序，就必须稳定这个动荡的中心。与此同时，如果他能娴熟地控制和利用它的强大潜能和爆发力，罗马可以成为保护他自己的有力武器。没有必要担心首都会搬迁到亚历山大，更不用说特洛伊了（贺拉斯，《颂歌》）。罗马是秩序和皇权表达的理想场所。而奥古斯都面临着双重挑战：一方面控制住人口，另一方面把首都变成一座建筑艺术的展览馆。

控制罗马

当共和国晚期的革命者想要召集暴民时，他们会到商店里去招募店主和工匠。在邻近地区，街坊邻居可能会聚集在街角的神社里供奉祭品；在行业协会周围，同行工匠出于社会和经济目的聚集在一起聚餐、做礼拜，并为共同的丧葬基金捐款。这些工匠的墓碑有数千座从罗马流传下来，其中有普通匠人（铁匠、屠夫、面包师、漂洗工、搬运工、裁缝、接生婆），也有从事奇异职业者（养鸟师、金丝纺工、雕像眼睛制造者、腋毛采摘者）。从共和国晚期到帝国晚期的各个时期，有关工匠的一个惊人的事实，是他们中的大多数人都是奴隶或释奴，很多人都是第一代移民，来自罗马世界以外的各个地方。因此，他们常常受到上层阶级的轻视，然而，自由的释奴是公民，拥有投票权。城市平民的声音有时会与公民共同体——"罗马人民"（Populus Romanus）的声音重叠。

奥古斯都的背景中有强烈的平民革命者因素。从恺撒那里，他继承了大批的城市群众追随者，并迅即通过赏金发放来笼络他们。在整个统治期间，他一直在培育这一力量。《功业录》列出了从公元前29年到公元前2年，他6次向25万或更多的人分发现金或玉米。此外，他还为他们提供娱乐表演：共计8场角斗士表演，涉及1万人；30场体育竞技或其他游戏；26场斗兽表演；3500只动物被屠杀——尽管血腥的统计数字可能令人厌恶，但这表明，为了让后来的皇帝所说的"我的小羊群"高兴，需要投入巨大的资源。

他的角色是"人民的保护者"（champion of the people），这与他曾经担任的保民官有关。亚克兴战役次年，他接管了保民官的一些职能，这些职能在公元前23年变得尤为突出。从一场近乎致命的疾病中恢复之后，他辞去了担任8年的执政官（这是有记录的），转而接受了保民官特权。这个每年一选的保民官（tribunicia potestas）在法律术语上的重要性十分有限（保民官是一个初级行政官），但在象征意义上具有非凡的重要性。它是塔西佗所言的"至高无上的权力头衔"，是皇帝与公民的区别。这种安全保障而非治理者的角色让他的介入和干涉变得合乎逻辑，因可借保护危机中的罗马人之名。

但这并未能阻止第二年在粮食短缺引发的危机中发生进一步的大规模示威活动。民众曾两次请求奥古斯都担任独裁官员，均被谢绝。他泪流满面地出现在人们面前，撕开了身上的托加袍，以示悲伤，谢绝了恺撒毁灭于斯的独裁官职务。相反，他挑起了粮食供应的重担。这远非他统治期间的最后一次暴乱，饥荒、火灾和洪水一直威胁着这座极度拥挤的城市，并一次又一次地引发骚乱。如果处理得当，民众骚乱可以增强他的力量；一旦失去控制，则免不了政权被颠覆的命运，仅靠竞技表演和救济是不够的。

解决这些问题不仅需要资金和组织，还需要想象力和实验。奥古斯都在统治期间不断与这些问题做斗争，我们可以从中追踪到一种明显的发展模式，即从早期的放任不管发展到后来强硬的干涉主义。消防措施就是一个很好的例证。埃格那提乌斯·鲁弗斯通过创建一支消防队来动员民众，这也显示了传统的防火设施的极度缺失，地方官员竟然在没有后备服务的情况下管理城市，而这些后备服务力量——消防队、警察、垃圾收集人员等——在一座拥有百万人口的现代城市理所当然是不可或缺的。然而，奥古斯都在这一时期不愿对此进行干预（就像他含泪拒绝担任独裁官一样），这可以从他对埃格那提乌斯·鲁弗斯的回应中看出：他接管了埃格那提乌斯·鲁弗斯由奴隶组成的消防大队作为国家财产，并指示地方官员在未来用于控制火灾。

然而，它未能发挥作用，或者说未能充分发挥作用。在公元前 16 年、前 14 年、前 12 年和前 7 年又发生了几次大火灾之后，一个更复杂的组织建立了起来，罗马被划分为几个区域，并成立了分别由 7 名独立的地方法官（市政官和保民官）

指挥的7个独立的地方消防站，但指挥结构不完善，火灾依旧无法得到有效遏制。公元6年，7000名自由人组成的辅助军事部队成立，由警察局长衔级的军官担任指挥，直接向皇帝报告，装备完善，并拥有合法进入私人宅邸和简单地审判未安装消防设备的户主的权力。这一号称"宵警营"的消防大队，虽然不总是有效的，正如尼禄时期看到的一样，然而履行职责长达4个世纪之久。它的名字在现代罗马的"消防队"中仍然被牢牢铭记（1898年一个消防队的军官写了一部关于帝国消防队的历史）。

这种模式的典型特点是与传统市政背道而驰，传统的城市治理主要依靠民众的自助，由一小群民众选举出的地方行政官员管理，他们享有高度的社会尊重，但几乎没有军事指挥权和人事任免权。奥古斯都时期的市政转向军国主义，由社会等级较低的非选举官员（地方行政长官是骑士，衔级低于元老）管理，统辖军队和官员，背后有皇权的支持。

粮食供应方面的情况类似。直到现在，食品短缺一直是大多数城市骚乱的最常见因素，而100万人的粮食供应产生的纯粹组织问题更令人生畏。公元前22年暴乱后，奥古斯都仍然依靠传统机构，设立一个负责粮食分配的元老院委员会，但事实证明，仅仅监督粮食的免费配给是不够的，当务之急是采取积极措施确保粮食供应。到公元8年，该委员会被重组为一个由军事人员和长官组成的机构，图拉尼乌斯（Turranius）成为第一任长官，他服役了40年，并在履行公务期间四处远航——据他报告说在加的斯附近看到了美人鱼。但直到克劳迪亚斯皇帝统治时期，无疑是在图拉尼乌斯的建议下，在台伯河口建造了一个人工港口，把奥斯提亚变成了地中海谷物贸易的中心，问题才得到解决。

警察

控制罗马最终意味着军队的部署。在我们看来，共和时期的罗马竟然没有警察，这很奇怪。但是，公民在自己的城市中臣服于武装暴力违背了城市国家的意识形态。奥古斯都第一次尝试设立一个警察局长或城市长官之职，"以控制人口中的奴性因素和控制混乱"的行动失败了，梅萨拉·科维努斯不日之内便辞去了这一职务，宣布他的权力是"非公民性的"。但到了统治末期，这3000名城市警卫队成了一个永久性机构，由一位有权执行简易审判的资深元老院议员指挥。

禁卫军迅速成为维持帝国权力的军事力量的最明显的象征，这也是一种尝试。作为军队指挥官[古代称为"裁判官"（praetor），总部也被称为"总督府"（praetorium）]，奥古斯都总是有一支"禁卫军"队伍伴随左右。公元前27年，当奥古斯都"辞职"时，禁卫军得到了加薪，职能却从守卫转变为维持治安。作为唯一驻扎在意大利的军队，奥古斯都发现他们可以有效镇压抢劫和绑架，还有助于控制市内的居民，当他们出现在运动会场上时，其重要性丝毫不亚于现代足球场里的警察。但这种警察职能的出现是渐进的：直到公元前2年，由于两名禁卫军长官（骑士级军官，比如消防长官和谷物长官）的任命，它才被赋予一个单独的指挥结构，直到奥古斯都死后，塞贾努斯长官才在城市边界构建禁卫军营房，此后它便成了支撑帝国权力的最生动有力的表现。

区域和街区

武力绝不是奥古斯都唯一的控制工具。他最持久的变化之一是重组城市，以消防控制为背景将其划分为若干区域。把一座城市划分为14个区域，听起来并不像是一个戏剧性的创新。这种方式虽然低调，却亦有自己的重要性。大型城市需要一个包括区、教区、街区或其他东西在内的子结构，确保人类单位可以保持"面对面交流"，避免城市成为一座无路径的丛林。在遥远的过去，罗马被划分为4个城市部落，但这些部落早已不再对居住模式有任何影响。更糟糕的是，这座城市缺乏任何可成其为城市的组织，它的政府机构（参议院和议会）和地方管理机构无可救药地与世界帝国混淆了。参议院和地方管理机构关注整个帝国范围的问题，并在更微观的地方层面专门处理城市问题，这具有相当大的吸引力。

奥古斯都在公元前7年将罗马划分为14个区域，这些区域在今日罗马仍被口头上称为"里奥尼"（Rioni）（图4.1）。它们是在国家层面和社区的社会现实之间进行调解的官方组织，被称为"邻里"。因此，消防部门是在区一级组织起来的，而且根据一份保存下来的4世纪的当地的财产登记册来看（保存下来的名单逐区列举的不仅有公共建筑、房屋和公寓，还有谷物仓、水房、公共澡堂、面包房、公共卫生间和妓院），事实上，中心区域，包括主要的纪念性建筑群，如"广场"，和其他地方一样，有很多住宅、公寓、公共盥洗室和烟花门巷，这提醒我们不要把它们看作现在那种业已死亡的、人口稀少

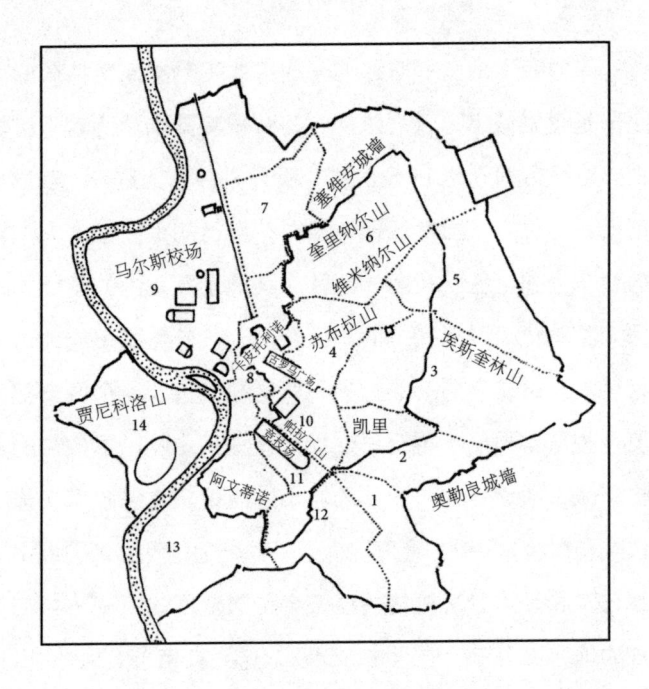

图4.1 罗马规划图，被奥古斯都分为14个区域。请注意，这座城市的外墙直到3世纪末才建成。在奥古斯都的统治下，密集的人口使城市延伸到早期的塞尔维乌斯·图利乌斯国王建造的城墙。城墙之外的区域，大都被显贵家族的庭园所占据。

的考古公园。

奥古斯都的关注点延伸到了社区邻里层面。这一层面此前是否有任何形式的正式组织，我们不得而知。在奥古斯都治下，265个"邻里"均成立了自己的地方组织：一个由每年选举出的四位"邻里长"、四位"部长"组成的小组。主事的往往是该地区的商人和工匠领袖，通常是自由人，部长大多是奴隶。他们不无自豪地立起功德碑，上面记录了他们的身份、地位，并有描绘其列队游行、祭祀当地的灶神和家庭守护神拉勒斯与奥古斯都的灵神（图4.2）的事迹。通过这种低级别的组织，奥古斯都创造了一种结构，通过这种结构，卑微的商人们可以培养自尊和认同感，以及对奥古斯都的忠诚。

图4.2 刻画着主事祭典上的细节的石碑。游行队伍中的部长手持身穿加托袍的天才奥古斯都雕像（中间），右边是身着短裙的拉勒斯神的雕像。

083

在所有这些遏制饥荒、火灾和暴乱的威胁的措施中，奥古斯都最关心的是稳定。在现金发放和提供娱乐活动上挥金如土，倒像是一个蛊惑人心的政客在收买人气，但他的传记作者苏埃托尼乌斯反驳了这种批评，急切地向我们保证奥古斯都是一位负责任的政治家。他举了一个例子，当暴徒抗议葡萄酒价格高昂时，为了应对严厉的谴责，奥古斯都授意阿格里帕修建高空引水渡槽，确保民众不会忍受缺水之虞。但我们亦不应该忘记，秩序和稳定符合奥古斯都的个人利益：它们稳定了他的政权。

重建罗马

罗马吸引了全世界的目光。当奥古斯都举办盛大演出时，观众不独限于当地，大量的游客纷至沓来，外国国王和大使还拥有专属座位。总的来说，罗马是帝国熠熠生辉的明珠，充斥着大量的流动人口，他们或来寻求财富，或寻求正义，或仅仅为了一睹这位伟人之风采。

奥古斯都改变了罗马的面貌。检视当时的历史，他曾经声称，自己建立了一个砖砌的罗马，而留下了大理石的罗马（苏埃托尼乌斯，《奥古斯都》），这似乎颇为怪异。奥古斯都时期，砖砌混凝土结构的罗马建筑风格发轫，如今以宏伟的结构给我们留下深刻印象的罗马纪念性建筑，如皇宫、卡拉卡拉浴场、戴克里先浴场和圆形大剧场，大部分都是砖砌的。但与奥古斯都形成鲜明对比的是那些早已消失的、风干的易碎建筑的砖块。他主要关注的不是巨大的混凝土结构，而是较小规模的建筑，尤其是庙宇和带柱廊的广场。这些确实是大理石的，尽管自公元前2世纪中叶以来罗马就有大理石建筑（当时被视为令人震惊的创新），但当时的大理石是进口的，价格昂贵，供应有限。直到恺撒独裁统治时期，卡拉卡拉的采石场开放后，这种色彩均匀而明亮的大理石才供应充足，并成为雕塑家乐此不疲的原石。这种转变对同时代的人来说一定是相当惊人的。直到公元前1世纪40年代，罗马广场还覆盖着粗糙的石灰石和当地灰蒙蒙的凝灰岩，到奥古斯都统治末期，这里变成了一片闪闪发光的白色大理石柱森林，其中的亮点是来自世界各地的彩色镶饰。

今天，我们只能重构这座城市再建计划的一小部分——仅在一年之内，就有82座破败庙宇被修复。由于米开朗琪罗对卡比托利欧广场的重新设计，我们几乎无法得知奥古斯都在卡比托利欧山做了哪些重建工作，尽管每个到过罗马的游客都知道这里是最引人注目的景点。至于古罗马广场和战神广场，我们可以重新捕捉到改造工程的一些细节。两地多有迥异，也体现了奥古斯都目标的不同方面：罗马广场是历史的中心，充满了往昔岁月的珍贵遗迹；战神广场离它一箭之遥，是一片绿地，躲掉了在整个共和国时期不断被重建的命运，因为它作为游行和娱乐场所的功能，也因为它作为漫滩的物理特征，被困在台伯河的循环中。

古罗马广场

　　没有什么地方能如古罗马广场那般使人怀古（图 4.3）。罗马人对特定地点和传统，尤其是宗教传统之间的联系，具有非常敏锐的意识。根据奥古斯都时期的历史学家李维的说法，这就是为什么罗马人永远不会抛弃他们的城市：街道上的每一块石头皆弥散着神圣的光芒。特伦提乌斯·瓦罗的大量古物研究成果的发表增强了这种地方感："我们过去常常像陌生人一样在自己的城市里游荡。"西塞罗不无称赏地说："直到你的书引领我们回家，这样我们终于能认出自己是谁，身在何处。"这种历史再现的神奇感觉，从每一块石头中渗出，使观者油然而生神圣之崇敬感，这对奥古斯都而言，绝非尴尬之事。相反，这恰是他要表达的意旨：他正带领罗马人恢复过去被遗忘的价值观、传统和仪式。在他对这个罗马广场的改造中，最引人瞩目的是，他将它变成了一座"历史博物馆"，同时又把它变成了一座巨大的"王朝纪念碑"，纪念自己的家族。

　　这个地区到处都是能够激发人们情感的文物古建，那些遭到破坏的稀有的古物具有更强的感染力。这里有罗马中心原点（Umbilicus Urbi），即"罗马城的肚脐"。罗慕路斯以它为中心，修建了神奇的城市界线。按照传统，在原点，每年都会举行敬献祭品的仪式。这里还有黑色大理石（Lapis Niger），就在古罗马元老院的外面。在其中一个版本的罗

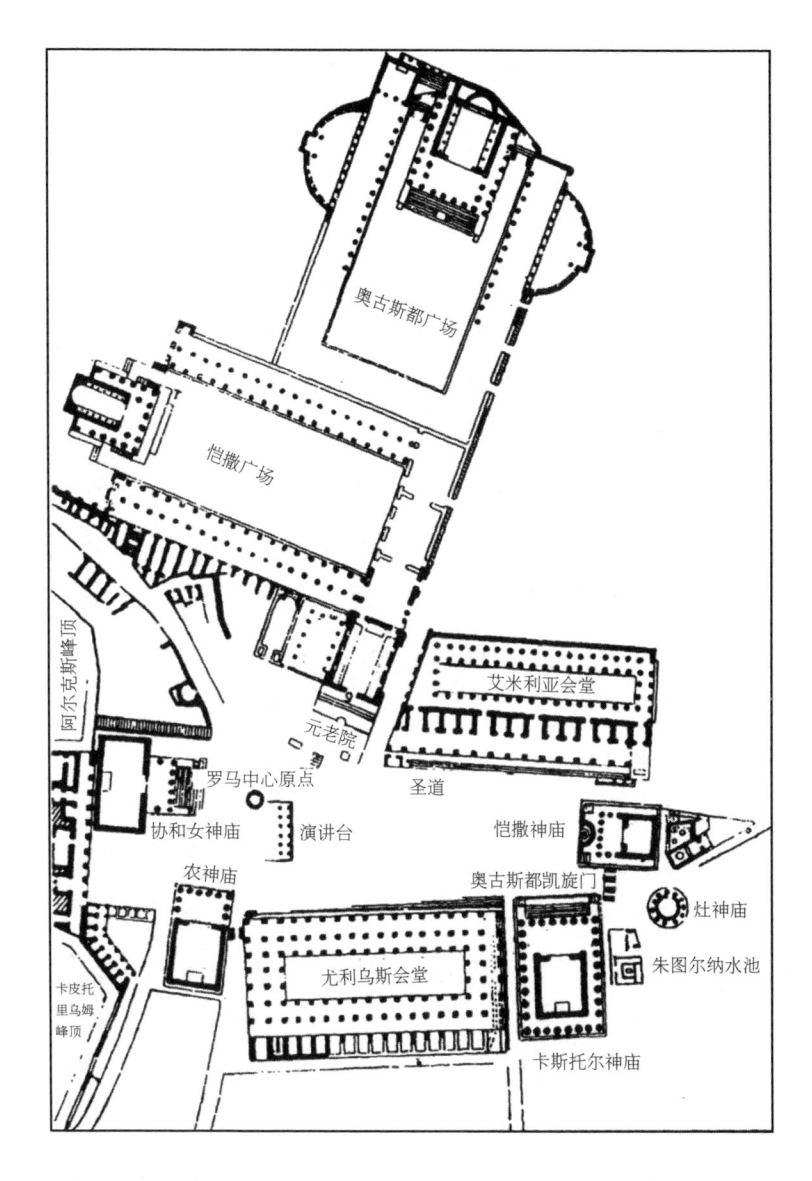

图4.3 奥古斯都时期的古罗马广场。

慕路斯故事里，他就是在黑色大理石处神秘消失的，要么是升天成神，要么是遭到谋杀、尸骨无存。在塔克文（Tarquin）时期所建造的排水设施周围，有着一些小神龛，是为了祭拜下水道女神维纳斯·克罗阿西娜（Venus Cloacina）。朱图尔纳水池（Pool of Juturna）以图尔努斯（Turnus）的妹妹来命名。女神朱图尔纳曾试图从埃涅阿斯的手中救出图尔努斯，但没有成功。我们今天依然可以参观这些以及其他许多古建，是因为奥古斯都选择了保留它们而非推倒，没有用更宏伟的纪念物来取代它们。很多其他地方，比如，共和国时期户外集会场及其演讲台和日晷，都消失无踪。存留和再造的东西都是经过选择的。奥古斯都重建的范围是如此广泛，已经不能称之为"从未间断的传统"。我们可以把他再造的广场视为一个崭新的创造，主要通过精心的"仿古"手段。

他擅长伪造传统。元老院前有一座不起眼的小建筑，是祭祀雅努斯（两面神）的神庙。奥古斯都把它变成了一个重要仪式的焦点。这个曾被罗马人所"淡忘"的仪式是：当整个罗马世界处于和平时期，即关闭该神庙的大门。奥古斯都把它关闭了三次，比过去几个世纪的总次数（两次）还多了一次。（《功业录》第13段。）然后是称颂他战胜帕提亚人所修建的拱门，这是为纪念他而竖立的一系列大理石凯旋门中的第三座，上面刻着自建城以来所有荣获凯旋式的人和执政官的名字（图4.4）。这份名单就如同这个广场，囊括了此前所有的罗马历史。它们展示了奥古斯都的人生巅峰和实

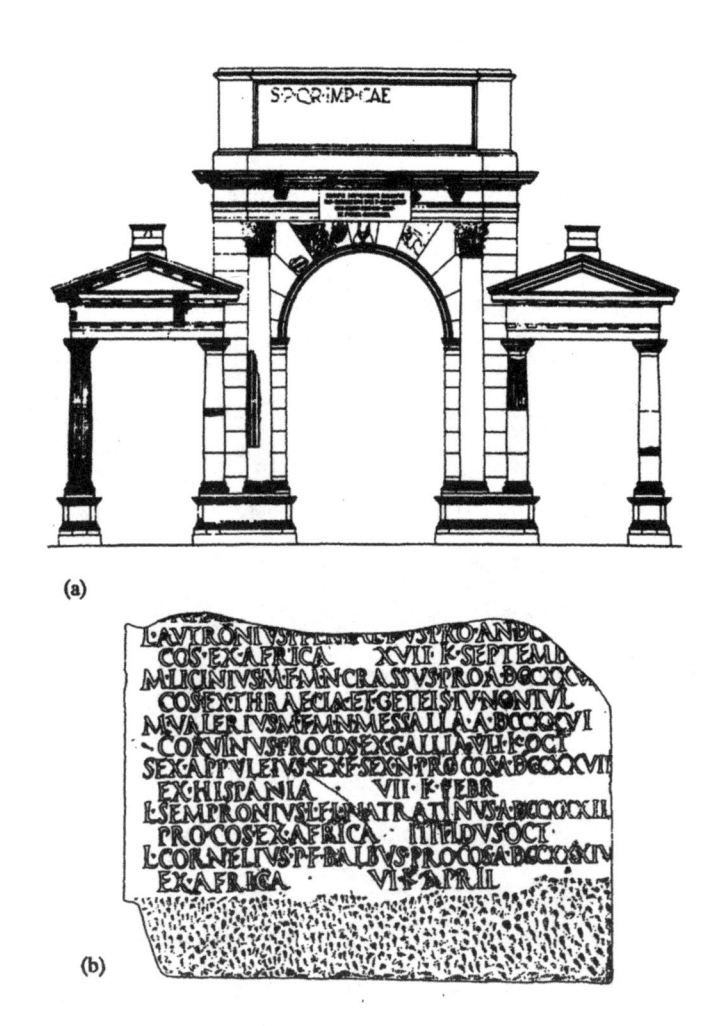

图 4.4 (a) 公元前 18 年的帕提亚拱门,由甘贝里尼·蒙戈尼特重建。罗马的执政官和荣获凯旋式的伟人名单都陈列在拱门内。上方是奥古斯都和跪着的帕提亚人的雕像。(b) 凯旋式获得者名单的残片。末尾的名字是 L. 科尼利厄斯·巴尔布斯(L. Cornelius Balbus),庆祝罗马 734 年在阿非利加取得的胜利。底部的大理石被削去,以便放进插槽中,已经没有多余空间可以写上其他名字。

力——他赢得了比其他任何人都更多的胜利，是拥有最长任期的执政官。然而换言之，巅峰过后，意味着下坡路，该名单的最后一人是 L. 科尼利厄斯·巴尔布斯，他也是最后一个非皇室人员举行凯旋式的罗马人。纪念匾上已经没有地方写上其他名字，而这份名单成了一件博物馆的陈列品。

罗马的生活传统与这种古董无关。这与竞争有着很大关系。虽然布局混乱（古罗马广场看起来还是一团糟），缺乏整体有机规划，过去各个时代的古建器物在这里相互竞争、毫不相让，各种形状和尺寸的建筑均处于不同程度的残破状态，但是这仍然使罗马成为一个独特的、令人心动的地方，因为所有这些都被奥古斯都所掩盖了。罗马人把一座建筑称为"历史纪念物"（monument），都反映着他们所认为的该建筑的主要功能：提醒人们（"moneo"意为提醒）记住它所承载的那个人及其荣耀。然而，奥古斯都却把这个广场作为他自己及其家族的纪念物。

正如苏埃托尼乌斯讶异地所说的那样，其他人，尤其是胜利的将军，也被允许甚至鼓励建立自己的纪念物：在这个广场上，穆尼提乌斯·普兰库斯在赤身裸体而尴尬地为克利奥帕特拉舞蹈之前，曾经重建了祭拜农业之神的神庙，而罗马的国库即在此处；阿西纽斯·波利奥是一位拥有独立思想的历史学家，也是一位将军，他建造了一座名字颇具挑衅性的"自由大厅"，那里存有奴隶解放的记录。在战神广场还有一批"非皇室"的纪念碑，但都是早期建造的。

到统治末期，朱利安家族的纪念碑到处皆是。距离朱庇特神庙的最远处，是被神化的恺撒大帝的神殿，它矗立在广场的中轴，永远提醒着人们，统治家族的权力直接来源于神。神殿前有一个演讲台，装饰有亚克兴战役中安东尼战船上的青铜喙。神殿两侧有一两座奥古斯都凯旋门，用来庆祝亚克兴大捷和帕提亚人的归附。在广场的两侧延伸出两座最大的公共行政建筑：一座是尤利乌斯会堂，它在建成后不久即遭焚毁，翻建后的会堂以奥古斯都的外孙盖乌斯和卢修斯的名字命名；另一座是巴西利卡·艾米利亚（Basilica Aemilia）会堂，它被同样以盖乌斯和卢修斯的名字命名的柱廊环绕。这两个人都是恺撒的远亲（其母亲的曾祖母是恺撒之妹），被收养后成为恺撒的重孙，故而他们具有了完整的延续性。毗邻的便是卡斯托尔和波吕克斯（古希腊罗马神话中的孪生神灵）神庙，被提比略重建。当然，毫无悬念，重建后的神殿也以这对"神圣兄弟"盖乌斯和卢修斯的名字来命名。

广场的最前方更难重塑。但是恺撒已经调整了元老院和演讲台，即民众大会的演讲平台之间的位置，以适应他自己的新建筑群——恺撒广场。这些建筑是元老院和罗马人民的象征，然而，令人惊讶的是，奥古斯都通过重建（恺撒死后，元老院遭焚毁）居然将其化为己有。演讲台前曾展示过西塞罗和恺撒其他敌人血淋淋的头颅和双手，在人们的记忆里散发出冷酷的肃杀之气。它需要新的粉饰，于是，一座奥古斯都骑在马背上的金色雕像应时而立。元老院现在被称为尤利乌斯宫，恺撒的名字醒目地铭刻在建筑物正面（图4.5）。在会堂内部，每次集会前敬拜仪式的最中心位置上，立着纪念他在内战中取得胜利的维多利亚雕像和昭示他美德的金盾（图4.6）。这个可以概括总结自由罗马人民的政治史的一方空间已经发生了变化：大理石取代了砖块和石灰岩，而且无论你身处广场哪一个角落，环顾周围，你都会看到恺撒家族的身影。

图4.5 元老院（尤利乌斯宫）的正面铭刻着"IMP CAESAR"几个大字，显示该建筑是以奥古斯都的名义而建，下面的柱子属于哈尔基斯式柱廊。

图4.6 公元前19—前18年埃梅里塔（Emerita）发行的金币，上面镌刻着手持美德金盾的展翅飞翔的胜利女神。金盾和胜利雕塑放置在元老院会堂中，对胜利祭坛的祭拜一直到4世纪基督教皇帝统治时期才终止。

奥古斯都广场

奥古斯都最终在广场上留下的,并不是对他自身荣耀的粗糙纪念,而是对一个充满怀古悠思之地进行的微妙转换。奥古斯都本人想要认同过去,过去美好时代的荣耀和尤利乌斯家族的荣耀交织在一起。但是,像恺撒一样,奥古斯都在旧广场的旁边建造了一个附属广场,既有效地扩展了传统区域,又可以重新进行规划,建造一些更紧凑的、更具统一性的建筑(图4.7)。在这里,他的做法是一样的:

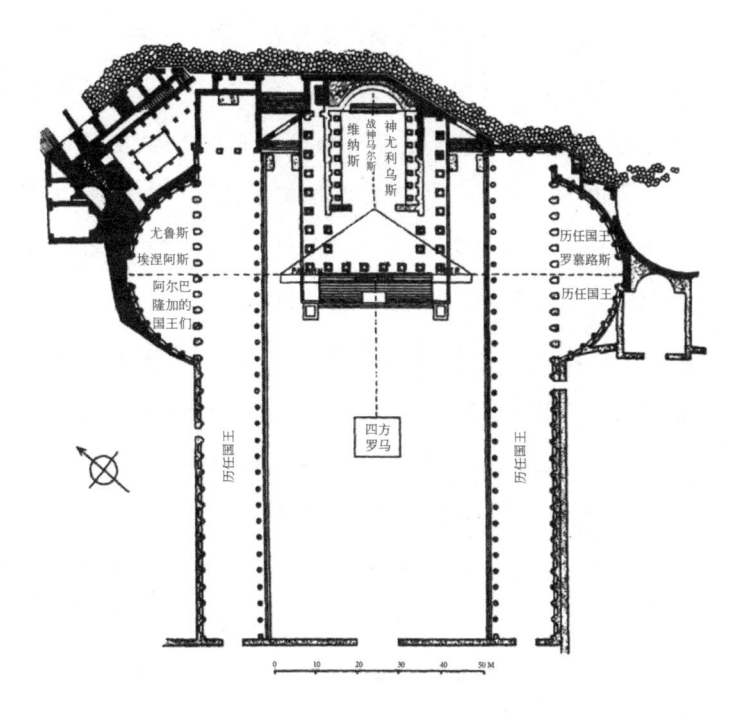

图4.7 奥古斯都广场平面图,上有重建时期保罗·赞克的雕塑项目。

把自己的荣耀与罗马过去的荣耀等同起来。如果说在旧的广场上，奥古斯都及其家人的形象环绕着罗马人的核心记忆形成了一个保护圈，那么，新广场上则是代表着罗马往昔岁月的形象围绕着奥古斯都本人的形象环立。祖国之父奥古斯都的雕像矗立于一辆战车中央，而古代伟大的罗马人物则在两边的柱廊里列队恭敬而立。在最前方两个典雅的半圆形区域里，聚集着传说中的人物：一边是罗马的首位缔造者罗慕卢斯和国王们，另一边是埃涅阿斯及其子留卢斯，尤利乌斯家族的祖先——也是罗慕卢斯的后代阿尔巴隆加国王的祖先。在维吉尔的作品中，这些先祖自豪地俯视着后代奥古斯都。战神庙就坐落在这片精心规划的系列景观的尽头，体现了上天对这位众神后裔的眷顾。战神马尔斯在内战和征服帕提亚人的过程中，曾两次为奥古斯都助力，立于其侧的是维纳斯（埃涅阿斯的母亲），以及神尤利乌斯。昔日的众神和英雄们皆默默而立，见证奥古斯都是罗马美德和价值观的化身。

该广场还有一个值得注意的特点。今天，最著名的建筑是后面的巨大幕墙（图4.8）。正是根据这面墙的痕迹，重建了广场白色圆柱组成的优雅拱廊。它的技术功能是充当一个防火屏：后面即是郊区的贫民窟，是常见的火源。但它也产生了在视觉上隔断广场的效果。就像剧院的舞台背景一样，它将广场变成了一个遗世独立的世界，在这里，历史中的奥古斯都的愿景不被尘世的嚣嚷所扰，在这里亦可以举办启动帝国战争的盛大庆典。它完全不同于开放的罗马广场，后者是通向四面八方的街衢交会点，视野开阔。罗马广场恰似一个开放和外向的社会的中心，而奥古斯都广场则是一个指向内省的封闭空间。它为整个帝国树立了新广场的典范，从这个意义上说，它体现了一种新型社会的价值观，这种社会的关注点不再是过去，而是皇帝本人，因为奥古斯都已经将过去等同于自己，而劫持了过去。

图4.8 奥古斯都广场现状。后面是最初的高墙，石头上的凹痕可以精确地再现建筑的结构。墙高超过25米。

战神广场

在城市边界外的台伯河泛滥平原上，是绿草茵茵的开阔地带，军队在这里检阅，年轻人在这里操练，这里不存在逼迫人心的厚重历史感（图4.9），远离市中心狭窄蜿蜒的街道（据苏埃托尼乌斯《奥古斯都》的记载，奥古斯都广场颇为不规则的规划是因为皇帝不愿强迫人们出售财产），可令建筑师们大展身手。倘若一位旅人游历过地中海东部的大城市，特

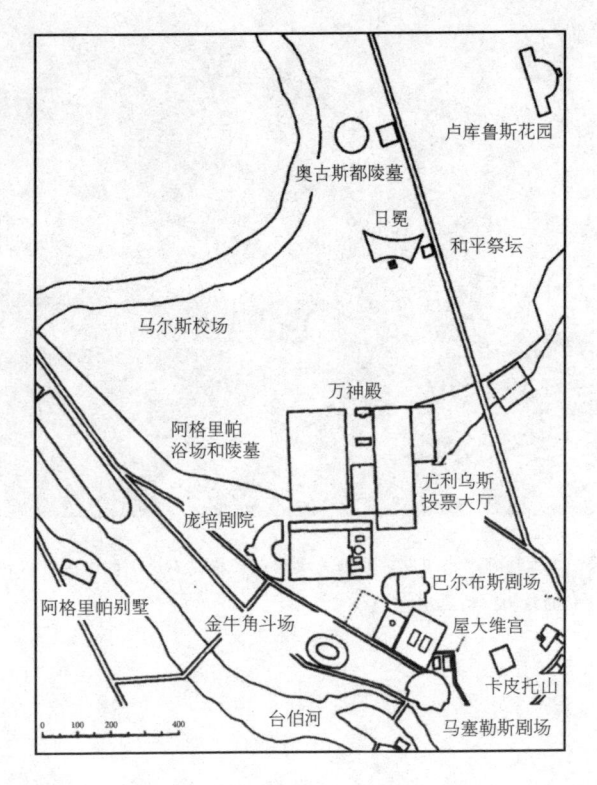

图4.9 奥古斯都时期战神广场建造规划图。

别是像埃及托勒密王朝的亚历山大、亚洲阿塔利德王朝的帕加摩、叙利亚塞琉西王朝的安提阿这样的王朝首都，他可能会对罗马相对朴素的外观感到惊讶。在这个联盟中，罗马仍然不像是一个世界帝国的首都，用当时一位建筑师的话来说，奥古斯都确保了"帝国的威严通过罗马建筑之卓越和庄严来表达"[维特鲁威，《论建筑学》（*On Architecture*）]。到统治末期，在希腊地理学家斯特拉博看来，罗马是世界上最美丽的地区之一。

这里地处郊区，而在郊区，奥古斯都并不排斥纪念性建筑上出现他人之名。在奥古斯都时代之前，庞培剧院是此地非常著名的建筑群，它不仅是一座剧院，而且几乎是一个"综合休闲区"，包括一个巨大的柱廊广场，里面陈列着大量罗马最好的绘画和雕像。奥古斯都斥巨资对恺撒的敌人的纪念碑进行了大规模的修复，并大度地拒绝了在纪念碑上加上自己的名字——正如他在自传性著作中特意提到的那样（《功业录》）。其他一些人则增建了罗马的娱乐设施。斯塔提利乌斯·塔卢斯（Statilius Taurus）是奥古斯都时期最高指挥官之一，他于公元前29年建造了罗马第一座永久性的圆形剧场（表演是在像罗马广场这样的开放空间举行，而罗马的传统是人们站立观演）。最后一次旧式凯旋式的荣获者L.科尼利厄斯·巴尔布斯，在公元前13年建造了另一座剧场。奥古斯都也不甘示弱，以外甥盖乌斯·马塞勒斯的名义在同一区域建造了第三座剧场，在这里，此前不被允许就座观演的罗马人享有广泛的坐观选择。

在剧院旁边，新的庙宇和柱廊也拔地而起。在亚克兴战役中安东尼麾下担任指挥官的索修斯，得到了奥古斯都的原谅，因为在公元前 1 世纪 20 年代早期，他为阿波罗神建造了一座拥有极其精美的雕刻的庙宇——这是亚克兴战役失利的一方对胜利者的优雅恭维。柱廊被修复，包括一条以奥古斯都的妹妹奥克塔维娅的名字命名的柱廊。这些建筑的许多碎片幸存了下来，但不像广场上明显暴露的废墟，它们深深地植入这个时尚地区中世纪及后来的密集发展中。

战神广场大部分是阿格里帕的杰作。他从维戈尔水道（Aqua Virgo）引进淡水，为罗马建造了第一座公共浴室——与后来的帝国雄伟的纪念碑式建筑相比，这座浴室相形见绌。旁边是一座公园，内有人工湖、人工河、步道、树林和雕塑，这里坐落着崭新的尤莉娅投票大厅。阿格里帕对他的朋友奥古斯都满怀热忱和敬意，为此，他专门建造了一座供奉众神的新神庙，即万神殿，神庙的柱廊里就有一座奥古斯都的雕像——等待进入众神的行列。现在的万神殿已经完全不同了，哈德良皇帝在自己增建并修复的杰作上镌刻"M. AGRIPPA L. F. COS TERTIVM FECIT"（其含义为吕奇乌斯的儿子、三任执政官阿格里帕建造此庙）显示了他的雍容风度。图 4.10 是阿格里帕的建筑计划的全部遗迹。

奥古斯都本人在所有这些新的建筑工程中绝不是压倒一切的存在，而是深思熟虑的含蓄。然而，在罗马有一座建筑则是例外，它非但毫无掩饰，简直是在露骨地向他致敬。在战神广场的北端，弗拉米尼亚河靠近台伯河的地方，矗立着奥古斯都的陵墓。罗马人通常会在归西前毫不犹豫地为自己建造坟墓；当游客进入城市时，一座宏伟的陵墓是向他们宣扬自己美名的最佳方式之一。奥古斯都的陵墓无疑堪称罗马世界最大的陵墓（图4.11），然而它早在公元前28年就完工

图4.10 万神殿，哈德良皇帝时期重建，仍旧保留了阿格里帕作为最初建造者的名字。

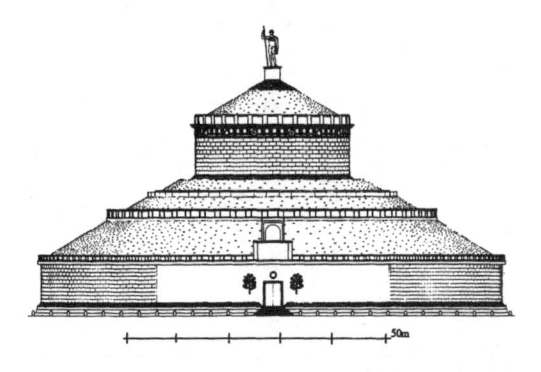

图4.11 奥古斯都陵墓，由亨纳·冯赫斯伯格重建。月桂树和橡叶环环绕着大门（参见图3.3），顶部是硕大的奥古斯都雕像。

了，奥古斯都打算在死前将他的很多家人和朋友葬在那里。

陵墓高 40 多米，奥古斯都巨大的铜像巍然立于顶部，傲视着整个战神广场。这只是为这位统治者建造个人纪念碑的开始。公元前 13 年，在他从高卢和日耳曼战场归来后，元老院投票决定在陵墓南边的弗拉米尼亚大道设立和平祭坛，开辟"奥古斯都和平区域"。这座和平祭坛雕像是现存的奥古斯都雕像中最可爱的一个标本，1937 年法西斯独裁者墨索里尼在奥古斯都诞生 2000 周年时重建了它，作为他统治世界野心的象征。在奥古斯都广场的一侧，矗立着一个巨大的日晷仪，日晷的指针是从埃及带回的方尖碑，它再次让人想起亚克兴的胜利。工程最后的润色是在他死后添加的：在陵墓外的两根青铜柱子上，他下令将自己对人生成就的微妙描述——《功业录》——镌刻于上。

建筑的影响

从法老到希特勒或齐奥塞斯库，各个政权都曾利用建筑来给治下的民众留下深刻印象。建筑景观的改变可以改变整个社会的氛围。谁会对奥古斯都的建筑产生深刻印象呢？罗马民众自然是至关重要的受众，周围物理环境之变化和为确保控制而采取的措施一样奏效，但它的受众延及整个帝国，乃至子孙后代。当然，倘若奥古斯都泉下之灵获悉能在 21 世纪给我们留下深刻印象，定会获取额外的快感。

通过美化罗马，使之符合帝国城市的"威严"，奥古斯都使这座城市成为罗马在世界上的权力以及他自己在罗马的权力的展览馆，在此过程中，他改变了城市的功能。在共和国时期，罗马一直是权力中心，因为它是城邦的心脏，公民聚集在此互相竞争。一堆没有总体规划的小型个人主义建筑是共和时期的遗迹，它映射出了这种竞争。在奥古斯都及其继任者的统治下，罗马长期以来一直是政治竞争的焦点，这不足为奇，因其处于政权的中心。这座超级都会成了皇帝的私人纪念碑，它的建筑反映的不是臣民之间的竞争，而是它无与伦比的调动人力资源的能力。奥古斯都时期的罗马仍然是过渡时期的罗马，它始于重建一些过往时代的不起眼的小寺庙，后以一个王朝的纪念碑而结束。旧建筑的修复只是为新建筑提供了基础。奥维德或许理解得太透彻了：

> 质朴和简单的风格属于过往；现在的罗马金光灿灿。
> 它拥有被征服的世界和数不清的财富。
> 朱庇特神殿焕然一新，
> 我们现在膜拜的是新的朱庇特。
> 帕拉蒂尼山熠熠生辉的阿波罗神殿，
> 曾经是耕牛的牧场。
> 有些人可能喜欢怀古，
> 但我很欣慰身为一个现代人：这是我的时代。
>
> 奥维德，《爱的艺术》

第五章

爱情和战争

>"恺撒是伟大的。""恺撒在战争中是伟大的，但他在爱情领域战绩平平。"
>
>普罗佩提乌斯，《挽歌》

奥古斯都在军事上拥有绝对主宰的地位。他不仅执掌发号施令的大权，而且严格控制战争荣耀的颁赐。那些沽名钓誉之人很快就吸取了教训。李锡尼·克拉苏在战斗中手刃一位色雷斯人国王，遂于公元前29年请求献祭"至尊战利品"（"spolia opima"字面意思是指古罗马将军单骑与敌将决斗所夺得的武器，亦称"至尊战利品"，将其献祭到朱庇特神庙的荣耀也是一项对杀死敌手的指挥官的传统奖励），但遭到拒绝，他被告知，体现在神意，即"卜兆"中的最高指挥权，属于奥古斯都。科尼利厄斯·加卢斯过分吹嘘自己在埃及的战功，结果失去了奥古斯都的友谊和自己的生命。马其顿总督马库斯·普里穆斯（Marcus Primus）擅自带领军队进行了一次远征，被指控叛国罪在法庭受审，奥古斯都自愿为公诉方做证。奥古斯都取得过很多胜利，但这是否意味着奥古斯能够在私下和公开场合，赢得同胞们的完全忠诚？

有些罗马人，比如普罗佩提乌斯，试图将战争和爱情区分开来。

爱情是和平之神，恋人们都崇拜和平，

征服情人的战争，是我此生发动的最艰难的战争。

普罗佩提乌斯，《挽歌》

如果这位爱情诗人能把人类的情感界定为超越了恺撒军队的管辖范围，那么他就能在自己的领域内享有独立，甚至是胜利。当他提到恺撒或奥古斯都的名字时，几乎总是出现在战争的语境中：恺撒的剑、恺撒的矛、恺撒的武器、恺撒的战利品。在承认和赞扬军事霸权的同时，这位爱情诗人划出了自己的私人空间。恺撒神正在准备武器对抗富有的印第安人。诗人为军队去创造罗马历史而欢呼，他期待着胜利的归来，届时他将拥抱着他的女友，为他们沿着神圣大道凯旋而鼓掌。

士兵恋人是这一主题的延伸。如果像奥维德说的那样，爱情是一种适合年轻男子的兵役，包括夜间站岗、接受艰难的命令、跋山涉水、在寒雨交加的夜晚兼程挺进（《爱的艺术》），那么你有两支队伍可以选择，要么服从恺撒的标准，要么服从爱的标准。也许爱的标准更可取。无论罗马的道德家如何指摘情人的柔弱和懒散，这难道不是比内战更好吗？如果每个人都沉溺在爱情中度过他们的一生，斜倚着悠闲地饮酒，就不会有残酷的钢铁和战船，不会有在亚克兴角的海水中翻腾的罗马尸骨，不会有罗马人互相残杀后的可悲的胜利（普罗佩提乌斯，《挽歌》）。

在现实生活中，两者的区别就不那么明显了。毕竟，士兵们可能也是某人的爱侣。安东尼本人呢？他臭名昭著的爱情生活和酗酒并没有使他的好战态度缓和下来。普鲁塔克说，这反而使他在军中颇受欢迎。在古代的意象中，英雄赫拉克勒斯是一个酒鬼和一个情史丰富的风流浪子，那么安东尼无疑英雄范儿十足了。

这些含糊之处一定出现在伽卢斯（Gallus）不幸遗失的诗歌中，他本人既是爱情诗人，又身兼指挥官坐镇埃及。维吉尔、普罗佩提乌斯和奥维德十分推崇他，视其为爱情挽歌的先驱。他的军队驻扎在尼罗河上游的一座堡垒里，在一堆破烂的纸莎草纸上，后人寻获了那首引人入胜的诗歌，刹那间，两个世界交织在了一起。作为情人的伽卢斯为"他"的吕克里斯邪恶的不忠而备感沮丧（他现实生活中的情人应该是迷人的女演员西瑟里斯，她也和安东尼交往），但在下一行，军人伽卢斯宣示了自己对恺撒的忠诚，他渴望着恺撒在罗马庆祝凯旋式的那一天。可能是伽卢斯把爱情的主题演变成战争，以调和他自己的生活，无论他戎马生涯中在阿尔卑斯山的积雪中、在非洲的沙漠中遭受了什么苦难，不幸的爱情之煎熬都来得更为凶猛。

罪恶和战争

普罗佩提乌斯对爱情和战争的划分比最初看起来要复杂与艰难得多。这里面包含截然不同的立场。事实上，理解诗人的要领，最重要的一点是要明白他们并非众口一词。维吉尔、贺拉斯和普罗佩提乌斯都因与梅凯纳斯的友谊而被拉进了奥古斯都的圈子。毫无疑问，统治者有意利用这种文化赞助（诗人也从中获得了巨大的经济利益），在当时的文学中提升自己的正面形象。但诗人们并不是都在唱同一个调，这就说明这首曲子不是来自上层的授意。

普罗佩提乌斯作品中的奥古斯都的形象与维吉尔塑造的形象相去甚远，后者要表达的中心思想是强调天命和奥古斯都的神圣性。我们可以在《田园诗》中看到，年轻的奥古斯都从天堂被派来拯救罗马，使其免于天灾；在《埃涅阿斯纪》中，他代表了人们期待已久的朱庇特神对罗马进行规划的顶峰和成果。贺拉斯塑造的奥古斯都形象更是有着天壤之别，在他的作品中，私人感情占据了中心地位。

对普罗佩提乌斯来说，交欢是内战的解药。贺拉斯没有这种嬉皮道德观，他认为男女私情是内战的起因。贺拉斯指的不是安东尼，也不是基督教意义上的"原罪"，而是罗马人道德的普遍坍塌。他笔下的奥古斯都就像维吉尔笔下的奥古斯都一样，是救世主，被派去阻止第二波洪水——就像挪亚一样，丢卡利翁把堕落的人类从天神的怒火中解救出来

（《颂歌》）。但是贺拉斯特别指明了上天第二次发怒的原因。罗马人要为祖先的罪愆赎过，直到他们修复了神的庙宇（《颂歌》）。罗马冒着毁灭的危险开启荒唐的内战，而这场战争的根源是家庭和婚姻的污染。

> 婚姻沦为一个污秽的两性关系时代的受害者。
> 污点从一个家庭蔓延到整个民族，
> 这是我们耻辱的源泉，淹没了人民和祖国。
>
> 贺拉斯，《颂歌》

关于为何物污染，答案非常之明确，那就是通奸。罗马女孩在第一堂淫荡的舞蹈课中受到浸淫，在丈夫的默许下在餐桌上公然将肉体售予出价最高的人。它是腐蚀意大利的良好品质，并带来道德之遗传性螺旋式降格的元凶。（《颂歌》）

根据这一分析，终止内战需要的不仅仅是军事胜利，还必须遏制污染，扭转沦丧的局势。

它不仅需要立法，还需要进行深刻的道德整顿，祛除对钱财之贪欲，赋予年轻人一套新的价值观。我们不能简单地把贺拉斯所言等同于"官方说法"。我们不知道公元前23年，当这些颂诗出版的时候，奥古斯都革新道德之立法是否正式出台，考虑到他本人的威望和地位，人们料想他根本无须为了让他的提案通过而求助于诗歌宣传。但贺拉斯至少提供了一种对时务的理解方式——一种罗马人可以分析自身问题并理解奥古斯都所扮演角色的方式，这和普罗佩提乌斯企图在自己熟悉的领域孤立恺撒没有任何共同之处。

道德改革

罗马元老院于公元前18年颁布了道德法规，即《尤利乌斯法》，它是奥古斯都名下广泛立法的一部分，涉关公共和私人生活的诸多领域，诸如选举贿赂、靡费、公共暴力，甚至可能还有叛国，但所有其他法律都是对早期立法的修改。这项道德法规是全新的，尽管它试图强制人们遵循一种传统的道德，从这种意义上来说，它具有重要意义。该法规旨在控制婚外性关系。应当明确的是，这项立法的约束对象有身份差别，包括公民和非公民、奴隶和自由公民的区别，尤其是自由公民中生而自由者与后来获释而得自由者，都有仔细和严格的区分。

罗马婚姻是公民双方之间的合法结合，合法婚生后代可以获得公民身份以及相关权利，尤其是罗马法律下继承财产的权利。通奸是指一名罗马男性公民和一名已婚罗马女性公民之间的婚外性关系。犯罪双方均会被流放，丈夫知情不报与此同罪，因为他们很可能从妻子的违法性关系中获得不道德的收入（贺拉斯因此为那些对妻子与西班牙商人之间的皮肉生意视而不见的丈夫感到担忧）。其他类型的性关系也被定义为非法，比如，罗马未婚女性公民与任何阶层的男性，包括奴隶之间的性关系，以及两名罗马男性公民之间的同性性关系。

但这项立法也使一大部分且十分重要的婚外性行为合法化。没有什么能阻止罗马男性公民与奴隶发生性关系，无论这名奴隶是男性还是女性，是个人私有财产还是他人所有。此外，"不体面"的女性公民也可以投机取巧，因为职业妓女当然被排除在这项法律的约束范围之外（通过登记成为妓女，一名女性可以巧妙地绕开通奸法，直到提比略统治时期，一些元老夫人如此操作爆发丑闻，这一法律漏洞才被堵上）。酒馆女招待，或被视为高级妓女的交际花和女演员亦不在法律约束之内。这些声名狼藉的职业永久性地给来自任何阶层的女性（无论她是奴隶还是自由人）抹上了污点。此外，还有一个阶层的女性——自由妇女，即那些获得公民身份的释奴，也不受该法律的约束。这是奥古斯都时期的诗人，尤其是贺拉斯和奥维德的陈述：与一位"淑女"或受人尊敬的夫人发展婚外情是奥古斯都的法律所禁止的，而一个获得自由的妇女则是一个合法的追求对象。我们不知道法律中是如何措辞的，但根据诗人的说法，不仅法律中存在这个漏洞，而且是自然而然和故意为之。

其结果之一是极端的性的"双重标准"。生而自由的罗马女性被排除在任何婚外性行为之外，无论是对方是公民，还是获得自由的人、外国人或奴隶。而她的丈夫，则可以自由地追求任何女性，除了受人尊敬的生而自由的女性公民。同样，他还可以发展同性性关系，只要对方不是受人尊敬的公民。

这种在我们看来人为的甚至略显虚伪的区别对待，事实上反映了人们对维护公民肉体纯洁的关注。就性行为的机制而言，关键不是行为的施加者，而是受体。公民可以合法地与他喜欢的非公民的女人或男人维持关系。法律防范的是对生而自由的女性公民或男性公民的婚姻的渗透。这种渗透贬低了公民身份的尊严，因此（正如贺拉斯所说）"污染"了公民的身体。

为了防止淫乱，公民被鼓励结婚和生育合法后代。那些已婚并育有子女的人在公共生活中被赋予了某些形式的优先权，包括低于规定年龄任职的权利，尤其是从家族之外继承财产的权利。而那些在规定年龄之间未婚（甚至包括再婚）和生育子女的人，就丧失了很大一部分的继承权。单身及未育者，即使在奥古斯都对婚姻进行立法规范之后，仍旧被认为在社会生活中不公平地享有优势。法律在弥补平衡上只能起有限作用，但它确立了一个至关重要的新原则，即婚姻和生育子女并不是纯粹的私事，而是需要国家干预的事务。

道德与社会秩序

我们只能从在罗马社会中如果不是普遍存在，至少也是主旋律的信仰和价值观这一方面来阐释新的立法。其目的并非单纯地追求人口增长，尽管法律的部分措辞涉关向军团提供士兵的需要，奥古斯都时期登记的公民人数从400万多一点增加到接近500万（《功业录》），原因可以用奴隶的解放和行省公民身份的增加来阐释，而不是出生率提高了。倘若说新法律的目的是将赠送给无子女者的遗产定义为非法，以此来充实国库（就像历史学家塔西佗所言），也是有失偏颇的，这只是该法律的附带影响，其根本目的仍然着眼于道德范畴。

据现代人，以及当时的罗马人所知，没有任何科学手段可以证明当时的私人道德水准显著降格，以及它与内战的爆发有任何关联。重要的是我们从中得知了他们看待问题的方式，以及他们的道德观。所有罗马人关注的是构建一个远离内战的稳定、有秩序的社会。他们需要思考稳定与混乱的成因，他们需要参照，而家庭就是整个社会的一个缩影。无论是古代还是现代，家庭都被视为整个社会的基石，西塞罗认为社会由情感纽带维系，而家庭即一个社会的榜样，也是首要的情感纽带。古希腊思想家亦有同样的看法。但是，在罗马价值体系中，它被理想的"虔敬"，即将家庭成员、社会成员、上帝平等联系在一起的尊重关系赋予了更加特殊的力量。埃涅阿斯向罗马人提供了"虔敬"的典型，他同时拯救了父亲和儿子，还通过海外出口，拯救了自己的国家。强化了拯救社会始于家庭的观念。

奥古斯都对自己在内战中的行为最有说服力的解释是援引"虔敬"这一观念。报复杀害他"父亲"恺撒的凶手是一个很好的动机：他对恺撒的虔敬也暗示了对罗马的虔敬。尤利乌斯家族是埃涅阿斯后裔的传说让他可以特别地强调这一点。即使没有维吉尔所写的《埃涅阿斯纪》，论点也已经存在了：恺撒的继承人是新的埃涅阿斯，他拯救了他的父亲，拯救了罗马。与此同时，这是兄弟阋于墙的战争，"不虔敬"的战争，它撕裂了家庭，也分裂了国家。

在这种情况下，家庭在一个全新的规模上成为公众争论和焦虑的焦点是被理解的。立法强化的道德本身是传统的，家庭道德问题上的紧迫感则是新出现的。如果恢复一个稳定有序的公民国家是迫切的、优先的任务，那么净化家庭就是必需的过程。它更具有象征性，而非实际的意义：通过清除公民家庭中非法性行为的不洁，公民体内因内战犯下的罪愆就得到净化。基于同样的原因，这些法律在经过一些修改后，持续了3个多世纪，被认为是奥古斯都时代秩序的支柱。

百年祭

如此充满象征意义的法律以隐蔽的形式出现在庆祝活动中。最直接和明显的表现是公元前17年的"百年祭"（Secular Games）。这是罗马人和伊特鲁里亚人的古老传统，为表达对人类最长寿命的敬畏而设立的节日，即百年祭。奥古斯都改变了这一节庆的意义，它把截然不同的希腊文化和东方传统糅合在一起，传统上的时代轮回观念认为人类经历了从纯真的黄金时代到青铜时代,再到铁器时代的逐渐退化。神话诠释了苦难的原因:我们所知道的生活是痛苦和残酷的,不是因为神意如此,而是因为人类的堕落破坏了神的计划。但是,按照神的规划,这个黄金时代最终会回归,维吉尔《牧歌》(*Eclogues*)的第四章创作于公元前1世纪40年代末的危机中,预言了黄金时代的回归,正如阿波罗的女先知西比尔所预言的那样。

奥古斯都的百年祭开发了这个神话的情感潜力。它不仅标志着一代人的逝去,而且标志着一个时代的终结。谢幕的是一个国破家亡的内战时代,一个真正的黑铁时代,迎来的是一个新的时代,一个国家秩序井然、家庭内部纯洁的和平时代。阿波罗神的地位前所未有地突出,它是黄金时代的神祇,纯洁之神,也是亚克兴战役的助力神,是混乱的终结者。奥古斯都也发挥了核心作用,他主持净化,清除人们身体内在的污染,贺拉斯的《世纪之歌》(*Carmen Saeculare*)成为由

图 5.1 公元前 16 年铸币者梅斯西尼乌斯·鲁弗斯铸造的金币,以庆祝百年祭仪式的一部分:奥古斯都向人们分发熏蒸净身用的硫黄和焦油。

男女童唱诗班演唱,向阿波罗和纯洁的分娩女神戴安娜祝祷的官方颂歌。婚姻法的功绩在这段祷告中明确提及:向戴安娜祈求多子多孙,祈求元老院通过的婚姻法令能够顺利实施。这也是含蓄地贯穿在整个颂歌中的主题。罗马人通过天真的孩童之口,祈祷人丁兴旺、人性质朴、农业发达,这些都与德行、荣耀、和平、谦逊的回归联系在一起。婚姻法成为这个纯真时代的不二象征。

和平祭坛

奥古斯都对新道德的认同超越了法律的权威。正如亚克兴的胜利不仅仅是他个人的胜利,而且代表了罗马价值观战胜了外国人的放荡、腐败和迷信,亦正如他个人的虔敬通过《埃涅阿斯纪》中埃涅阿斯的品质展现出来,并成为未来罗马人的典范一样,他的法律指明了一种以他个人为榜样的生活方式。当公众对这项法律的苛刻条件表示抗议时,他的回应是让他的曾外孙们长跪于地,他的全家都和他一起扮演了罗马幸福家庭的榜样。

这些主题出现在和平祭坛上。和平祭坛可能是这一时期保存下来的最美丽当然也是最具象征意义的纪念碑,于公元前13年到公元前9年之间根据元老院的指示起造,表面的目的是欢庆奥古斯都高卢战役后回到罗马。和平祭坛最令人惊讶的特点之一,是它完全缺乏胜利的意象。与此相当的是公元前 29 年的凯旋门纪念碑，如果奥古斯都想要像普罗佩提乌斯那样把自己塑造成一个军事人物，那么一座堆满了高卢和日耳曼战利品的凯旋门就很有必要了。但奥古斯都和平祭坛的重点不是胜利，而是他的胜利为罗马带来的天堂般的和平。他和他的家人引领了通往天堂之途。

这座非同寻常的纪念碑被一座被近似正方形的围墙包围（图 5.2）。通向祭坛的路从中轴将围墙分为对称性的两部分，在平面图上以两个方括号的形状围绕着祭坛。大理石纪念碑通体布满华美的雕刻，但最引人注目的装饰出现在围墙的外圈。其构思经过精心策划，在视觉上和主题上达到了平衡。每个出入口两侧都镶有神话或寓言场景。西门的两侧是罗马神话中的创始人：左边是罗慕路斯和雷摩斯，右边是埃涅阿斯和他的儿子留卢斯（图 5.4）。东门两侧是女性化身的形象：右边是罗马女神，左边是以母亲形象出现的丰饶之神（图 5.6）。北墙和南墙展示了一长列几乎和真人大小一样的雕像，仿佛庄严地从他们身后的弗拉米尼亚大道前行至祭坛的西入口献祭。在类似镶板的下方，是镌刻着茂盛植物的装饰性的雕花带，植物卷曲的茎须像墙纸的设计一样具有难以置信的对称性（图 5.8）。

浮雕群在某种程度上而言是"历史性的"：它保存了公元前 13 年 7 月 4 日归来的奥古斯都举行献祭这一特定时刻的记忆。但为了避免成为任何特定的胜利事件的纪念，浮雕群被赋予一种永恒性的特质。它不是记录，而是象征，象征着

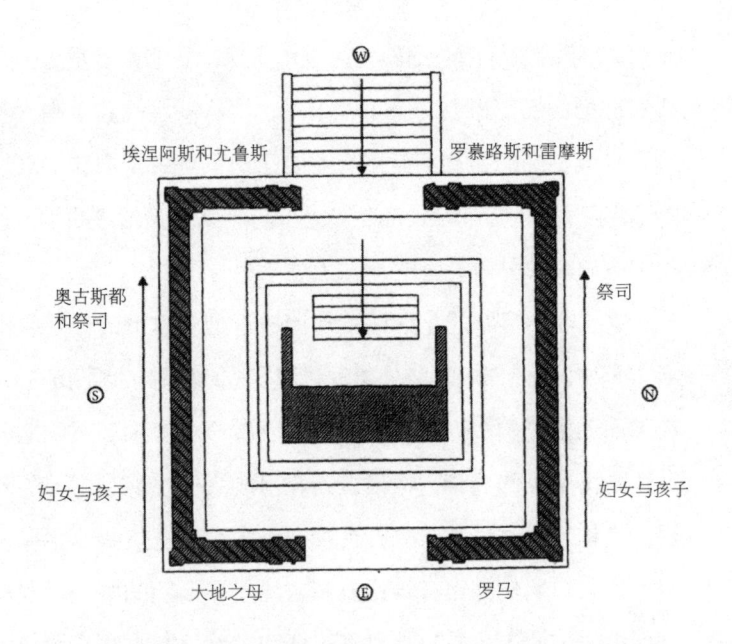

图5.2 和平祭坛平面图,展示了雕塑装饰方案。

图5.3 和平祭坛:西北方向总视图。

图5.4 和平祭坛：展示埃涅阿斯的浮雕，托加袍的一角盖住头部，正在献祭。

图5.5 和平祭坛：南面浮雕上雕刻着参加和平祈祷的队伍的细节，显示奥古斯都（最左），姿势类似于埃涅阿斯，头上包着托加袍，周围是祭司；其右首是主神的祭司，戴着尖尖的帽子。

奥古斯都统治时期隐含的价值观。两个入口处以男女两性形成对比，西门的罗慕路斯和埃涅阿斯，体现了罗马得以成功建立的男性品质：美德和对神的虔诚。东门的女性形象象征着这些品质缔结的果实：胜利以及罗马统治下土地的富饶繁荣。而奥古斯都家族中的男性和女性，将两者联系起来。所以，在游行队伍的最前面，奥古斯都身着祭司长袍，周围扈拥着罗马的祭司（图5.4），甚至在他献祭的姿势上都与其祖先埃涅阿斯（图5.3）的虔诚相呼应。他身后跟着怀抱着孩子的家族中的女性（图5.5）。学者们很难从画面上看出他们的皇室家族成员身份，甚至对现代学者而言，对其身份的指认也是模棱两可的，唯一可以明确辨认的，便是它传达的道德信息，就像丰饶的大地带来富足、植物和婴儿（图5.6）。奥古斯都

图5.6 和平祭坛：显示母亲和婴儿形象的浮雕。动物和植物象征着丰产和富饶。左右两侧的女性形象似乎是掌管风和水的仙女。贺拉斯的百年祭赞歌的第八节同样列举了盛产水果和畜群的大地、谷神的玉米穗、纯净的水与和煦的微风。

图 5.7 和平祭坛南面浮雕上游行队伍的细节。奥古斯都家族的成员(身份是猜测的)。妇女和儿童的主题呼应了毗邻的母亲和婴儿形象的浮雕。

图 5.8 和平祭坛浮雕上的植物装饰详图。

家族的妇女是生育能力的典范，虔敬和多产是道德立法中黄金时代的美德，现在是皇室所代表的最重要的价值观。

道德楷模奥古斯都

作为道德典范，奥古斯都在臣民面前具有了新的意义。仅仅像普罗佩提乌斯那样起立为胜利而鼓掌欢呼是不够的。现在他们需要——如果他们想要一个黄金时代，而不是回到内战的混乱——吸收他的价值观，并将其内化为自己的价值观。他们必须呼应他的虔敬，敬拜和祭祀罗马的众神，把对国家的责任置于个人欲望之上。他们必须在婚姻和生育方面履行公民的义务。黄金时代的宣告等同于道德勒索：那些偏爱追求快乐和财富的单身汉违犯了法律，让其他人感到失望。

奥古斯都是道德典范的信息可以从许多方面看出来，有些甚至很细微。这个时期的肖像画是与众不同的。从元老到自由店主，各个社会阶层的人们都喜欢留下自己的肖像，通常是在自己的坟墓上。这一时期的荣誉雕像更加独特，因为它们让人想起了领袖：同样的姿态和表情，经典的虔诚和安详，甚至同样的发型（女性则模仿经典的帝国女士发型），一次又一次地出现。

在某种程度上，奥古斯都获得了统治人民的新权力。他不再是征服者或紧急情况下的救世主，他是完美的罗马人，是人们心中膜拜的对象。但与此同时，这也让他更加暴露于众，人们对他产生了巨大的期望。他真的能成为他所宣称的榜样角色吗？他的私生活也这么清白无瑕吗？关于他喜欢处女的流言蜚语或许无伤大雅（他的许多继任者更容易被定论为淫荡和伪善的致命混合），但家人是他的弱点，她们在和平祭坛的雕塑中显得那么端庄，却被指控犯下了通奸之罪。他不得已将女儿和外孙女流放，并将女儿的豪华别墅夷为平地。宫殿远非新道德的典范，而是新时代本应消灭的阴谋、野心、腐败和淫荡的温床。意识到这一点，统治者和被统治者之间的关系开始紧张起来。

诗歌和道德

奥古斯都对罗马人私生活的有效干预，给诗人，尤其是爱情诗人造成了困扰。诗歌传统提供了许多适合军事征服者和英雄形象的模式。面对阿喀琉斯的征服，最好的办法是成为荷马那样的人：史诗是一种将战争英雄化的很自然的媒介。然而，也有一个传统，与卡利马库斯和其他托勒密亚历山大港的诗人有关，他们倾向于更短、更雅致和精心创作的诗歌，而不是史诗，但即便在这种传统中，征服者也可以通过虚伪的遁词得到充分的赞扬。在奥古斯都统治初期的诗歌中，一个流行的话题是拒绝写史诗。写一部关于奥古斯都的史诗是一项伟大而艰巨的事业，诗人们转向了一种巧妙的恭维。同样重要的是，他们将个人诗歌领域定义为一个可以自由表达自己的领域,只有在史诗中,征服者才能合理地要求成为关注的焦点。但最大的问题是,征服者对私人领域的入侵。

这可以在道德立法前十年出版的诗歌中清晰地感受到。普罗佩提乌斯直言不讳地说,他的辛西娅对一项法律的废除感到高兴,这项法律将迫使他和恋人分开,并和别人结婚。他不想离开辛西娅,也不想结婚生子:"我不想为兵团贡献自己的血脉。"(《挽歌》)我们不知道这是否意味着真正的立法尝试失败了,也不知道现实生活中的普罗佩提乌斯是否果真是一个单身汉,并与一个不能与之合法结婚的女孩产生了恋情。他的诗歌掺杂着自传性质的内容。但是,作为爱情诗人,跟随自己的创作激情天马行空,这与新道德要旨之不相容,是再清楚不过了。

维吉尔也在努力解决这种紧张关系。他对埃涅阿斯和狄多关系的描写过于丰富和复杂,以至于无法提炼出一条简单的信息。但我们可以说,它所假定的紧张关系之一是激情和爱国义务之间的关系。当代希腊爱情诗的全部形象——爱情女神、其子丘比特和燃烧欲望的箭——都是与虔敬对立的。责任胜于激情——但似乎很难具有说服力。埃涅阿斯和狄多都是外在力量的受害者,爱与责任都是神赋予他们的。责任必然会赢,因为它有众神之王的力量,也是命运使然。但凡人的悲剧在于准许这些不相容的力量将男女分开。据说这是年轻的提比略遵循奥古斯都的旨意,为了国家利益而被迫与爱妻维普萨妮娅离婚,并娶一个他不喜欢的妻子尤莉娅时所经历的事情。在现实生活中,为了拉维妮娅离开狄多并没有带来幸福的生活。

贺拉斯所采用的一种解决方法是将激情的元素从恋情中剥离,他有一种本领,能够将自己的激情恰好控制在安全界限之内。他的恋人会定期更换,如果他在一份关系中产生了强烈的爱意,而这种深情可能会使自己受伤,他会及时抽身。令人惊讶的是,与普罗佩提乌斯的准一夫一妻制的忠诚相比,单身汉的滥交更符合奥古斯都的新道德。贺拉斯可以在他的《讽刺诗》中提出的"情人守则"中获得庇护:在与行政长官的妻子优雅地通奸和在散发着恶臭的拱门下与妓女媾和中,有一种追求自由女性的幸福方式。这种道德何其虚伪,它允许女释奴在没有通奸法保护的情况下获得公民的自由,也允许单身诗人高歌这些法律带来的便宜。贺拉斯笔下的那些有着希腊名字的轻浮的姑娘,倘若其原型存在于"真实"世界,肯定属于自由的女性一族。

奥维德也有类似的解决办法,这是他在《爱的艺术》中采用的策略。在奥古斯都通过立法对通奸进行严重处罚之后,奥维德放弃书写个人虚构的爱情故事,而是提供一个玩世不恭的类似于教学手册的文本,并把背景设置在当代罗马,从两性关系上来诱导读者,显得颇具有挑衅性。但他反复地明确指出,他不会进入道德禁区,讽刺的是,在神圣仪式的庆典中,他警告罗马的妇女公民远离他的作品:

我歌颂安全的性和合法的偷窃，

在我的歌里，没有什么是触犯法律之恶。

《爱的艺术》

他精准地预料到，他的诗可能会被诟病为煽动违犯法律，便在作品中不断地援引常规的辩护措辞，来保护自己免受指控，正如这首诗中反复出现的。就这样，在第三本书中，在指导女孩们如何与情人约会的过程中，他提供了一些关于如何接头而不被发现的方式。不被谁发现呢？通常的挽歌场景是在丈夫没有注意到的情况下约会情人，但奥维德并非在教授女人如何背叛自己的丈夫：

妻子要惧怕丈夫，

在法律、领袖、羞耻感和正确的命令的保护下

就会安然无恙；

但是你呢？谁会保护一个刚被释放的女孩？

来赞美我神圣的秘诀吧！

大约10年后的公元8年，当奥维德被流放时，他可以为自己"教授淫亵通奸"的指控提供足够可信的辩护。首先，他在这些段落中已经表明他是无辜的，没有犯罪意图；其次，他的爱情诗歌只涉及一些老生常谈的主题。这两种辩解都是真实的。但他选择这样的书写方式也有意凸显了爱情诗和奥

古斯都立法之间的潜在冲突，他把故事背景设定在当代罗马的立法的背景之下（他本可以坚持虚构的背景），而警告罗马的妇女远离他的作品，则恰恰宣告了它的危险性。

你可以说奥维德审慎。但从另一个角度而言，他暴露了立法的虚伪。罗马的黄金时代有两层内涵：一个是奥古斯都新时代为公民带来的道德天堂，在那里，知羞忌耻，端庄而稳重的两性关系居于统率地位；另一个是圆熟的教化之城，不像罗慕路斯时代的乡村罗马。在这里，源源不断拥入的奴隶，为罗马男性提供了充足的合法且安全的"非罗马"的性欢愉。不管它是否会煽动通奸，《爱的艺术》委实戳穿了新道德的神话。

第六章

神与人

（一位老牧羊人提特鲁斯说）

梅利柏啊，一位神祇给了我这个方便

我将永远以他为神来供奉，他的祭坛

我将经常用自家的羊羔的血来沾染。

维吉尔，《牧歌》

人们纷纷向你祷祝、奠酒

尊崇你为家庭守护神之一，

就像希腊人记念

卡斯托和伟大的赫拉克勒斯一样。

贺拉斯，《颂歌》

我以海，以地，以天神起誓，

以你的神性起誓，

最伟大的人，我全力支持你，

以我全部的灵魂。

奥维德，《哀怨集》（Tristia）

对一个凡人称神意味着什么？或者更确切地说，罗马人认为他们这么做意味着什么？借维吉尔公元前1世纪40年代末30年代初《牧歌》中虚构的牧羊人之口，通过贺拉斯公元前1世纪最后10年出版的赞美诗，以及在奥维德在公元8年尝试重回罗马失败之后绝望的苦吟中，古罗马诗人将奥古斯都视为人们自然而然会向其祈祷和献祭之人。

在试图理解这种语言背后的态度时，我们最好不要去思考拥有2000年历史的基督教。拿撒勒的耶稣出生在奥古斯都统治时期，但犹太人认为只有一个上帝，这与希腊和罗马异教丰富的多神论相去甚远。从某种意义上说，异教徒更容易把人塑造成神。对希腊人来说，神的等级有很多种：不仅有著名的奥林匹亚神，还有次要的神灵和当地的英雄。从公元前4世纪开始，向征服者和国王提供准神性祭礼的做法开始流行。哲学家欧赫默鲁斯（Euhemerus）试图把所有的宗教解释为对伟大恩主的崇拜。将埃及、叙利亚、亚洲和马其顿等希腊王国统治者当作救世主进行崇拜成为广为接受的做法。当罗马人接管这些王国时，其统治者继承了很多此类异教的做法。

所以，如果我们想淡化罗马人崇拜人类的怪异，我们可以说，这不过是在地中海东部广泛传播的一种较为方便的表达忠诚的方式，而这在真正的宗教和信仰方面意义不大。但是如果我们这么说了，我们就低估了奥古斯都政策的革命性，以及它的复杂性和矛盾性。

尽管对统治者的崇拜在希腊东部很普遍，但即使在那里也存在争议：对一些人来说，这是一种不受欢迎的东方变态行为或荒诞夸张的奉承，只是出于恐惧和自我保护。对罗马人来说，这似乎令人厌恶，这是对公民平等和人民主权的终极背叛。尤利乌斯·恺撒自封为上帝和国王使他失去了生命。虽然上帝和人类之间的界限有时会模糊，但死亡问题使得两者之间有了最终的区别，这一点，罗马人和现代人一样明了。虽然一个世纪以来，历任罗马皇帝享受了各种形式的偶像崇拜，但是皇帝维斯帕芗在临终时却以玩笑的态度说自己正在变成神。维斯帕芗的态度强调了这一区别，即凡人只有战胜死亡才能成为神。

奥古斯都既是人又是神，这是任何神学家都无法想象的难题。耶稣既是完全的人，又是完全的神，意味着什么，这是基督教神学的核心问题。对此，奥古斯都本人的立场自相矛盾，足以让人做出截然不同的评价。其传记作家苏埃托尼乌斯对他拒绝为自己修建神庙的行为赞誉不已，并说他从来不允许这样的神庙出现在首都。然而，塔西佗批评道："自从他愿意人们将他视为偶像，位列神庙，安享祭司献拜后，已经没有空间来留给神。"（《编年史》）这并不能否认这些矛盾的存在，一些诸如"奥古斯都只允许人们在罗马以外的地方对其进行偶像崇拜／只允许与其他神一起崇拜他／只崇拜他的'精神'，而不是他的个人"等过于简单敷衍的公式化表述亦无法缓和这些矛盾。有一点是毋庸置疑的，那就是奥古斯都了解操纵宗教情绪的巨大政治潜力，并善于机敏地开发和利用宗教情绪。在塑造社会意识和凝聚力方面，很少有因素像宗教那样强大。如果说奥古斯都的成就是改变了人们对"成为罗马人"的理解，重塑了罗马人的自我意识以及维系了罗马国家的公认价值观，那么转变宗教意识是一个至关重要的因素。他以一种将自己置于体系中心的方式，复兴了传统的罗马宗教仪式和价值观。他究竟是人还是神的疑问不是重点，对于他来说，挑战在于如何将自己融入罗马宗教情感的核心。为了达到这一目的，他不得不沿着人和神的边界，走出一条微妙的道路。我们不应该试图找寻一种单一的宗教政策，对其立场进行单一的、面面俱到的定义。相反，我们应该考察他用以模糊人与神之间的界限，并在两者之间扮演一种模棱两可但至关重要的角色的种种方式。

这可能有助于区分奥古斯都为自己创造的三种不同的角色——尽管在现实中，我们面对的是一整套的角色，从罗马公民到事实上的全能之神。首先，他是人，一位罗马公民，而不是神，此时的他是人类敬神的典范，是虔诚的祭司。第二种身份是被视为神祇的人，即使他仍然属于人类，也应当与神同列。第三种身份是神造的人，他是一个神，但为了拯救人类，他暂时扮演了人类的角色。这三种解决方案彼此之间，不是互为替代，而是同时存在的。

祭司奥古斯都

欲恢复罗马传统，至少恢复其"外观"，最好的方法就是恢复祖先的宗教。对于像西塞罗这样的罗马人来说，罗马传统的鸟卜、占卜及祭司学院、历法、仪式节庆是罗马成其为罗马的至关重要的因素。罗马军事上的成功归功于宗教上的虔诚——这是李维在《罗马历史》中详细阐述的观点，此类观点当然继承了先辈的衣钵。希腊的波利比乌斯（Polybius）在公元2世纪中叶也曾自问：罗马成功的秘诀是什么？尽管他非常重视罗马的宪法和军事制度，但他仍然认为宗教是维持社会秩序的重要工具。从神话的角度来看，《埃涅阿斯纪》将虔敬作为埃涅阿斯向罗马人传递的核心价值，朱庇特决定了罗马军事霸权的命运，但这是通过虔诚地服从神的意志来实现的。

罗马人将共和国的崩溃归因于宗教传统以及政治和道德秩序的崩溃。传统的仪式被遗忘，古老的寺庙无人问津，任其坍塌荒废。当然，诸神对罗马人的这种严重失信非常愤怒。至于"宗教衰落"是否真的存在，那就是另一回事了。历史学家有时太容易把罗马人自己对忽视宗教的抱怨与他们利用希腊哲学质疑传统的证据结合起来，得出结论说，传统宗教对他们而言已经失去了意义。但既然如此，他们为何如此急切地想要挽回失去的东西呢？有关罗马共和国晚期宗教思想最令人印象深刻的文档当数特伦提乌斯·瓦罗的15卷本的皇皇巨著《人和神的古代史》——该著作已经遗失，但他是圣·奥古斯丁驳斥异教信仰的《上帝之城》（*City of God*）的基础，今人故而可以借助后者了解这本巨著。特伦提乌斯·瓦罗努力挖掘和保存那些被遗忘或可能被遗忘的仪式，这表明罗马人仍然觉得这些仪式的保存对罗马至关重要。西塞罗也明确指出，哲学上的怀疑与宗教传统的价值完全无关。

传统宗教在共和国晚期是否衰落，我们无法得出明确结论（缺乏类似于去教堂礼拜人数的数据），但我们可以说，衰退的形势和逆转它的迫切需要为奥古斯都恢复具有巨大象征效力的传统仪式开辟了道路。正如将道德价值从威胁摧毁它们的力量中拯救出来，似乎就保证了对社会政治秩序的拯救一样，对濒临灭绝的宗教仪式的拯救也象征着秩序的维护。

最重要的是，宗教复兴保证了新秩序是真正的罗马化的秩序。许多力量似乎威胁到国家身份。不仅仅是克利奥帕特拉和她可怕的兽神，外来影响和对罗马传统的淡化由来已久。希腊和东方一再被指责为腐败的罪魁祸首——因其财富、奢侈的生活方式和道德的堕落。故而，不仅恢复秩序是必需，且一定要回归到罗马化的秩序。讽刺的是，人们可能会说，对奥古斯都而言，用政治上不重要的宗教仪式作为他政治革命的烟幕是很方便的。但我们不应低估其中所包含的真实的情感的力量：通过煽动罗马沙文主义，抵制外来文化的腐朽影响，奥古斯都可以营造一种团结和认同感，这在一个不稳定和多样化的社会中是非常宝贵的。

特伦提乌斯·瓦罗区分了罗马仪式的三个方面：人、地点和时间——谁敬奉谁、在哪里敬奉、什么时候敬奉。在每一方面，奥古斯都都带来了复兴，并确保自己在其过程中扮演引人注目的角色。在罗马，从之前的贵族氏族统治时期开始，神职和权力便紧密相连。奥古斯都通过增加神职、自己加入各种"祭司团体"，以及将神职作为一种恩惠来分配，提高了神职人员的社会地位。正如他在《功业录》中记叙的那样，在跟随他亲征亚克兴的700多名元老院议员中，有83人最终成为执政官，170人成为祭司。像阿尔瓦尔兄弟会（The Arval Brethren）这样被遗忘的团体重新复活了，他们的重要工作之一就是代表罗马人民献祭奥古斯都及其家族。主要的神职人员由社会地位较高的人占据，但在较低的层次上，罗马265个地区的地方神职每年向1000多名城市居民提供了提升社会地位的阶梯。

在和平祭坛（图5.5），在拉比卡纳大道发现的雕塑上（图6.1），以及其他地方，奥古斯都都以杰出的祭司的形象出现。他不仅是一般意义上虔敬的典范，他还是罗马虔敬的典范，其标志性造型是宽松的托加袍从头上覆盖下来，以适当的姿势进行献祭，并配备适当的道具（献祭的碗、水壶、拐杖等）。公元前12年，他的"后三头"同盟老搭档大祭司雷必达去世，这使他正式确立了国家宗教领袖的地位，他随即成为祭司的复兴者，祭司的典范和众人膜拜的对象。

新寺庙的建造和旧寺庙的修复改变了这些仪式的背景。奥古斯都的修复会让现代自然保护主义者感到震惊。许多寺庙都在衰败，原因之一是建造它们的材料是脆弱的、柔软的凝灰岩，甚至是带有陶瓦装饰的木材。明亮的卡拉拉大理石圆柱和奢华的科林斯式柱头的新风格赋予了奥古斯都经手的建筑以独有的特色，甚至在像朱庇特神殿这样的建筑上，奥古斯都也以最初建造者的名义"谦逊地"重新建造。现代的材料和装饰细节与老式结构设计的混合似乎并无不和谐之处。尽管对我们来说，这可能使奥古斯都的修复与创新无可救药地混淆了。

图6.1 拉比卡纳大道上的奥古斯都雕像。与和平祭坛浮雕相仿，他以一个托加袍一角蒙头，正在献祭的祭司之形象出现。

罗马的宗教时间被总结在"岁时纪"中。不同的日子对应不同的仪式和节日。这些都源自遥远的过去。可以说，从罗马建城日（庆典在4月21举行）起，"岁时纪"就充当了每一年度对罗马历史的一种提醒。奥古斯都将历法的公众声望提升到一个新的高度。现在，"岁时纪"的副本开始镌刻于岩石，其中一份位于普莱内斯特的财富神庙里，是博学的弗瑞乌斯·弗拉库斯研究的成果，他住在宫殿里担任盖乌斯和卢修斯的导师。毫无疑问，奥维德就是从这个源头得到灵感，把整个日历逐月变成了诗集《哀歌集》。

从这些历法中，我们能够得到有关奥古斯都认同罗马历史和宗教所达到的程度的最全面的认知。除了为了纪念他而重新命名一个月之外，全年散落无数为他而庆祝的节日有第一个命令下达之日（1月7日）、恢复共和国（1月13日）之日、重命名为奥古斯都之日（1月16日）、与李维娅的大喜之日（1月17日）、和平祭坛的献祭日（1月30日），全年都有一连串的在其统治过程中不断增加的庆典。在所有这些节庆日，不独罗马，整个意大利的城镇，以及各行省都要向神灵谢恩。但重要的不仅在于他们为奥古斯都庆祝，更在于他们在举行庆典时置身于传统的宗教背景。奥古斯都为了成为传统的一部分而恢复了传统，他恢复了罗马身份的宗教，以使自己成为罗马身份认同的一部分。

神一般的人

祭司可能与神有一种特殊的密切关联，但至少他立于人神分界线的此一端。但从诸多方面看来，奥古斯都至少有一只脚站在分界线的另一边。早在内战中，他就使用了 Divi Filius（神之子）这一极具象征意义的名字。根据恺撒的遗嘱，死后被"收养"使他能够使用 Gaius Julius Gaii filius Caesar，即盖乌斯·尤利乌斯·盖伊·菲利乌斯·恺撒这个名字。将恺撒神化为天神是取代父名的基础，他通过将 Julius 从名字中去掉来强调这一点——是神之子。与尊称"凯旋将军"（公元前39年由元老院授予）相结合，产生了令人生畏的名字"凯旋将军恺撒"，在这种风格中是没有任何标准的罗马命名元素。公元前27年之后，他最终的头衔出炉了——"凯旋将军恺撒·奥古斯都"。罗马风格的命名惯例已经成为一种神秘化的工具。盖乌斯和卢修斯同样被描述为神的孙子，同样的含义是，神的后裔应该继承他的神性。当然，奥古斯都是在驾崩后即刻被视为神祇来献祭的。

苏埃托尼乌斯撰写的奥古斯都的传记秉持一种坚定的凡人的立场：即使是死后的神化亦不能使罗马人视其为神，除非是在特殊意义上。然而，著作其他地方却不乏附会神话的元素。据他记载，在奥古斯都生命将逝的那一刻（第94章），暗示了超越人性的"迹象"，其中一些与福音中关于基督诞生的叙述有惊人的相似之处。还有一些荒唐至极的观点，譬如，认为元老院在奥古斯都出生那年原本应该颁布一项禁令，禁止罗马男性婴儿出生，因为这预示着罗马国王的诞生。除了"对无辜者的屠杀"之外，我们还从中知晓了所谓的"天使传报"：他的母亲阿提娅在拜访阿波罗神庙时梦见神以蛇的形式临幸了她，9个月后，奥古斯都出生了（关于亚历山大大帝的诞生亦有类似传说）。困难在于确认这些传说的流行程度及时间，是奥古斯都故意传播他是阿波罗亲生儿子的故事，还是圣徒传记家在他死后编造的？无论如何，这些神话都在试图弥合人与神之间的鸿沟。

将人与神联系起来的一个方便用语是"同化"：神可以移花接木具有人的特征，人亦可以拥有神的属性。奥古斯都以这种方式被"同化"为各种各样的神。一个完美的例子出现在公元前1世纪30年代晚期雕刻的玛瑙指环上，屋大维被描绘成海神尼普顿，驾着战车在海浪中穿行——凌驾于他不幸的敌人之上方（图6.2）。这些特征都是屋大维的；赤裸的身体，三叉戟和海上战车指向海王星。这幅图像不仅让人想起海军的胜利。这幅图景就是荷马描述的海神带来的平静。维吉尔在《埃涅阿斯纪》开头的一段令人难忘的段落中强调了这个政治类比，海王星平息了困扰着埃涅阿斯舰队的风暴：

图6.2 玛瑙指环。以海神尼普顿形象出现的屋大维（注意三叉戟）驭浪而行。敌手——有可能是塞克斯图斯·庞培而非安东尼的头颅，出现在马蹄下面。

141

"这就像在一场暴乱中,人们看到一个虔诚之至和能力超强之人,于是他们镇定下来。"屋大维就像海王星,因为他平息了内战。

倘若说指环是私人化的物品,那么国家通行的货币上的图像则具有更明确的官方意义。奥古斯都成为大多数罗马货币上常见的头像也就不足为奇了,包括帝国各地的很多货币,它取代了传统的神之头像,比如,早期罗马货币上的罗马女神。尽管奥古斯都具有神圣的权威,但这并不等同于不朽。亚克兴时代铸造的美丽而富有想象力的一系列银币(有可能是为了资助战争)可能更加坚定了我们对其神性的认同。这个系列的主题是凯旋将军奥古斯都和众神之间的联系。在银币的一面是神——维纳斯、胜利之神、和平之神、朱庇特或阿波罗,另一面是奥古斯都和各位神祇的象征物。神和奥古斯都在银币的正反面互换位置:要么是神以较大的头像出现在正面,奥古斯都以较小的头像出现在反面,要么是反之。有人可能会说,这只不过是维吉尔描绘的奥古斯都在神的支持下在亚克兴作战的形象;然而值得注意的是,他的容貌与神之容貌何其相似。在其中一幅图像中,奥古斯都与朱庇特化身为雷电之神的"赫尔姆"(其形状是柱子上的人头雕像)是双胞胎。显而易见的是,神的特征无疑也是奥古斯都的特征(图6.3)。

后来的造币术可能会避免这种公然的身份认同,尽管每一个帝国形象背后都有一个超越凡人形象的元素。但它的优势

(a)　　　　　　　(b)

图6.3 屋大维发行的两个第纳尔钱币。大约在亚克兴战役时期。(a)在左面，上面的钱币印有奥古斯都的头像，下面的钱币是朱庇特头像。(b)在右面，方尖碑上朱庇特的头像具有屋大维的特征（上方的钱币），在下面，屋大维端坐在执政官座席上手持胜利女神雕像。

在于揭示了官方形象语言（肖像学）与诗人语言之间的密切关联。当贺拉斯在《颂歌》中在众神中搜罗一位救世主，然后向阿波罗、维纳斯、战神、墨丘利神祈祷，"玛雅带翅的儿子，你幻化成一个青年，并称自己为恺撒的复仇者"。这并不意味着存在一种对墨丘利/奥古斯都的崇拜，但它确实反映了通过同化来理解奥古斯都的一种尝试。

诗人非常喜欢的一种方法是从功能上建立一个平行性，特别是在朱庇特和奥古斯都之间：

> 我们相信古老的朱庇特是天上的国王；
> 奥古斯都将是尘世的神，
> 他的征服将不列颠和波斯纳入帝国的版图。
>
> 贺拉斯，《颂歌》

如果我们从这个角度来解读这两种类型的硬币，并不能得出结论说奥古斯都和朱庇特是等同的，而是说奥古斯都在尘世的作用与朱庇特在天国的作用是平行的。

奥维德将帕拉蒂尼比作银河尽头的众神之家的背后就是这个想法。在卡梅奥（又称"奥古斯都宝石"）上，奥古斯都拥有朱庇特的权杖和鹰。天上的神圣秩序和地上的人类秩序被看作平行的系统，罗马帝国维持的人间秩序，是更高一层天国秩序的映射。作为众神之王的朱庇特是宇宙至高无上秩序的源头，需要地球上的一位"朱庇特"来将这个秩序传递给混乱的人类。奥古斯都就扮演着这一神圣的角色。

我们应该注意的是，这种在诗歌中很常见的措辞，仅仅是讨奥古斯都欢心的一种奉承形式，这是一种诗意的放纵，在现实政治中却不适用。最好把它当作对解读奥古斯都非凡地位的一种尝试。他的角色无法用传统的罗马公共语言来充分描述和解释，故而有必要在罗马国家这一层面之上寻找合理性阐释。把奥古斯都塑造成人间的朱庇特，赋予了他一种必要的双重人格：既是一个局内人，一个优秀的罗马公民，又是一个局外人。他给罗马带来的不是外国秩序（希腊式的王权）的耻辱，而是虔诚的罗马人所承认的近乎神圣的秩序。

救世主

在基督教发展了 2000 年之后，政教分离的理念已经深深地根植于我们的文化中。我们发现任何关于一个政客被视为神的暗示都是荒谬的，尤其是当他的语言似乎带有特定的基督教色彩时。历史学家一直不愿承认用于描述奥古斯都的语言，在某种程度上可能与用于描述基督的语言相似。但是，这种关联既不荒谬，也不是亵渎神明。因为基督徒试图将一个历史性的人定义为神，是在奥古斯都改变了的政治和宗教背景下做出的。这两个思想世界之间的鸿沟是巨大的，但这种联系足以表明，将奥古斯都的神化归类为"纯粹的政治"是值得怀疑的。

在基督教传统中，存在一种凡人，他可以直接在神界和尘世之间调解，当人类秩序崩坏时，他把神界秩序的人类化身带到人间，作为人类社会重塑自我的模仿典范。在基督教传统中，救世主的经典形象就是以犹太先知以赛亚的形象出现的耶稣基督：

那在黑暗中行走的人，看见了大光。因有一婴孩为我们而生，有一子赐给我们。政权必担在他的肩头上。他名称为奇妙策士，全能的神，永在的父，和平的君。

《以赛亚书》

被应许的人既是一个伟大的征服者,又是智慧、公义和虔敬的源泉,他给人类社会带来的和平也反映在自然的和平上:

> 豺狼必与绵羊羔同居,豹子与山羊羔同卧,少壮狮子与牛犊并肥畜同群。
> 小孩子要牵引它们。牛必与熊同食,牛犊必与小熊同卧,狮子必吃草与牛一样。吃奶的孩子必玩耍在虺蛇的洞口,断奶的婴儿必按手在毒蛇的穴上。
>
> 《以赛亚书》

矛盾的是,尽管一神论的犹太传统和罗马多神论之间有很深的鸿沟,但正是为了基督教的发展这一核心目标,通过插入一个神造人,使严格的一神论妥协,这两种传统交汇了。因为罗马人把奥古斯都描绘成神创造的人,并不是简单地把他和其他神放在一起,而是把他作为神和人之间的一个新的中介。人类的和平与繁荣再也不能靠人类向上帝直接呼吁来实现,和平取决于上帝创造的人类。对神的虔诚已经不够了,对奥古斯都的虔诚是众神支持的先决条件。

我们可以观察到救世主的观念在罗马发展的过程。维吉尔的一首可以追溯到公元前40年的《田园诗》中预言了黄金时代的回归("弥赛亚"牧歌)。回归黄金时代需通过一个新生的"神奇的孩子"来实现:他将使残留在罪恶之中的人

类获得自由,安抚并统治世界。在他出生之后,将会呈现一种比田园生活更平和的自然状态:

> 山羊会独自带着奶水回家,牛也不会害怕大狮子……
> 蛇必灭亡,毒草必灭亡……
>
> 《田园诗》

《以赛亚书》和维吉尔著作之间的明显联系可能不是巧合,因为犹太人的思想确实以各种形式传播到西方,包括以希腊六步诗为载体的"西卜林神谕"("The Sibylline Oracles")。这种神谕是希腊和犹太观念的奇特组合,可以追溯到几个世纪前,现存的例子包括下面的救世主预言:

> 高兴吧,少女,高兴吧,因为你是我的唯一,
> 　创造天地的,赐给世代的欢乐。他必住在你里面。
> 你将拥有永恒的光芒。
> 　狼和羔羊会在山上一起吃草。豹子会和孩子们一起进食。
> 　虺蛇会和婴儿睡在一起而不会加害于他们,因为神的手必加在他们身上。
>
> 《西卜林神谕集》

当然,我们不能确定维吉尔或奥古斯都是否掌握了这种

素材。但某些西卜林预言肯定会引起奥古斯都的关注，他乐于利用这些尽管是外来的素材。他下令收集了所有的西卜林神谕，并通过传统上负责这些预言的祭司学院（15人委员会），焚毁"虚假的"预言，将"真实的"预言妥善地珍藏在帕拉丁山上新落成的阿波罗神庙中。一则关于新世纪的西卜林预言在由同一个15人委员会组织的百年祭中被官方正式援引，贺拉斯的《颂歌》清楚地表明这是一个正义回归的黄金时代即将到来之预言。无论维吉尔预言性的《田园诗》是否获得了官方的地位，它确实反映了西卜林神谕已经获得了官方的认可。

维吉尔在《埃涅阿斯纪》中在埃涅阿斯造访冥界的场景中再次提到了他早期的主题，首先，他把冥界的入口设定在库梅安，在西卜林的引导下，他将这一段情节与罗马国教的西卜林神谕直接联系了起来。埃涅阿斯为阿波罗建造一座大理石神庙，并作为保存西卜林神谕之处的承诺进一步强调了与新帕拉蒂尼神庙的联系（"大理石"上无疑留下了确凿的建造日期）。当西卜林在冥界看到奥古斯都时，她明确地暗示了她自己的预言，无论是在维吉尔早期的诗歌中，还是在其背后的"官方"预言中：

> 这就是那个人，就是那个你们经常听到的应许之人：奥古斯都·恺撒，神的后裔，他将再次建立起拉丁姆这片土地上古萨图恩统治时期曾有的黄金时代，并将把帝国发扬光大，征服拉曼特人和印度人……

《埃涅阿斯纪》是一首诗，而不是一份官方文件，尽管它对罗马价值观的陈述具有近乎圣经般的权威性。我们不能据此推断奥古斯都期望正式被确认为救世主的形象，事实上，百年祭庆典中的一些公开的细节记载表明，他的角色是一个虔诚的牧师，而不是带来黄金时代的应许之人。然而，类似的说法一直在流传，因此被他所利用。

以下是奥古斯都利用准弥赛亚主义的两个例子，我将予以扼要分析。其一是亚洲行省议会的法令，它有好几份抄本，大概可以追溯到公元前9年。行省议会设置了向奥古斯都敬献最佳荣誉的奖项，获胜者是行省总督保卢斯·法比尤斯·马克西姆斯。这个荣誉本身很简单，就是把奥古斯都的生日（罗马历法9月23日）定为希腊当地历法的新年。值得注意的是，在详细论证这一措施时使用的措辞充满了福音书般的热情：

> 最神圣的恺撒生日，我们可以理所当然地认为它是万物之初始……他使整个世界呈现出一种截然不同的面貌，如果不是恺撒为了整个人类的福祉而降生，这个世界早就完全毁灭了。因此，我们每个人都理所当然地认为他的生日即为他生命的开始，因为从那天起，我们再也不会为我们来到这个尘世而感到遗憾了。

将奥古斯都的诞生，而不是政治转折点亚克兴战役定义为新时代的开始,于是,他被赋予的角色远远超越了征服者和政治家的角色。议会热烈赞同这一提议,称其为"好消息"——"尘世佳音的开始是神的诞生",他们感谢神造福人类派遣他下凡,"作为我们及我们的后代之救世主,来结束战争,维持万物之秩序"。这种异国风格的措辞在希腊化的东方更适合,而非罗马。但这项法令的制定者是一位罗马总督,他也是古罗马贵族的成员。

另一个例子,我们可以回到战神广场的日晷,它附近是奥古斯都陵墓与和平祭坛(图6.4和6.5)。对这个日晷的理论重建,以及其在发掘的碎片中得到的证实,是考古学对我们理解奥古斯都的贡献之一。设计这样一个日晷需要非常复杂的数学和天文计算。正是在这一时期,尤利乌斯·恺撒最初建立的一年由365天组成,且由几年一度的闰年调整的纪年法,被同样一群数学家矫正,于是闰年每四年到来一次,而不是三年。这些历法改革还包括对7月和8月进行新的命名。日晷之所以能准确地显示一年中的小时和天数,完全依赖于数学上可靠的历法的建立。但对罗马人来说,天文计算还有一个更重要的象征意义。对古代的人来说,天体运动的复杂而美丽的可预见性,似乎体现了神圣世界在看似混乱的世界中强加一个和谐而有规律的秩序的能力。如果人类生活能像天文学一样遵循数学规律,那么人类生活之混乱很可能只是一种假象。于是,占星术便成了通过类比天空复杂的可预测性来理解我们生活明显的无规则性的一种尝试。如果我们的生活是由无限序列的天体的结合来支配的,那么在地球上也有一个神圣的秩序。

　　这种思想在这一时期颇为流行并不难理解,当时的局势具有强烈的不可预测性,内乱频仍,人们迫切需要在象征层面寻找秩序,奥古斯都不止一次将占星家驱逐出罗马;他们对政治秩序变化的预测可能成为政治动荡的诱因。但他最好的武器是将自己的想法说成是占星术测出的神意。苏埃托尼

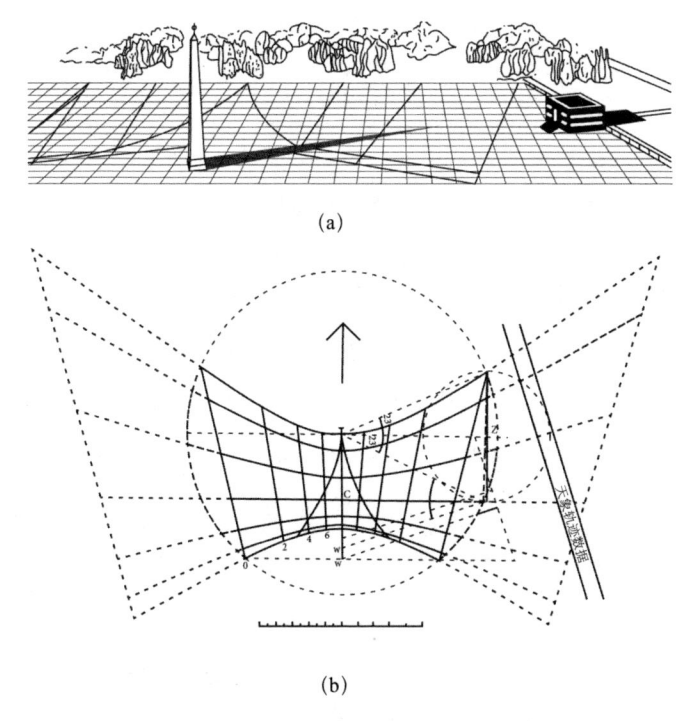

(a)

(b)

图 6.4　毕希纳绘制的奥古斯都大日晷轨迹图。(a)方尖碑作为大日晷的指针,在奥古斯都生日那天,其阴影正好落在朝向和平祭坛的中线位置上。(b)数学计算下的日晷阴影网格图,包括和平祭坛的定位。

151

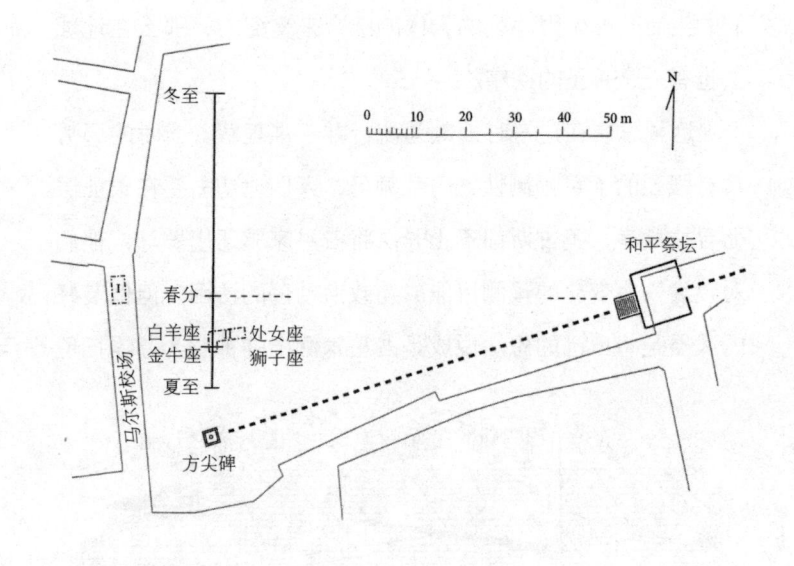

图 6.5 日晷平面图，显示了方尖碑和和平祭坛的关系。

乌斯记载了这些预兆，其中之一是他访问阿波罗尼亚的占星家忒奥根尼斯（Theogenes）的事情（也就是在奥古斯古死亡的时候）。苏埃托尼乌斯的占星术如此之好，以至于忒奥根尼斯跪倒在地崇拜他。苏埃托尼乌斯继续说，奥古斯都对自己的占星术如此自信，以至于他专门在发行的硬币上刻印上摩羯座的标志。为什么摩羯座应该成为一个在 9 月 23 日出生的人的标志，资料来源没有解释。我们可以合理地猜测，它指的是 9 个月前孕育他的那一刻，也就是 12 月 23 日，他的母亲梦见阿波罗来拜访她的那一天。

摩羯座的标志在当时确实广泛存在，不仅在奥古斯都发行的硬币上，其他地方亦可见其踪影，比如说"卡梅奥"，也称"奥古斯都宝石"（图3.7）上。图案的细节显示出这一信息（图6.6）：马背上的丰饶角代表着繁荣，下方的舵代表着有序的政府，马蹄之间的地球代表着统治世界。其含意即为，奥古斯都受众神委托统治地球，给人间带来繁荣和秩序。因为他的生日恰好在秋分，也就是仲夏日的太阳最高点和冬至日的太阳最低点之间，所以他的"生辰线"把广场一分为二。只有在秋分的时候，由一座巨大的埃及方尖碑充当的指针投射出的影子才笔直地穿过这个正方形，在其他的日子，它沿着曲线移动（图6.4）。这条线穿过和平祭坛的中心，虽然现在有人质疑这条线是否有标记，但祭坛和日晷显然是相连的（图6.5）。这些数学细节（根据定义）非常复杂和模糊，但头脑最简单的罗马人也会将其与奥古斯都的出生、奥古斯都的征服，以及政权的和平、繁荣、虔诚和纯洁（描绘在祭坛上）联系起来。我们可以看到，所有这些东西都被镌刻在星星

图6.6 奥古斯都银币，显示了摩羯座的星座标志，有球体、船舵和丰饶角。

和太阳投射的轨道上，在一个神圣的计划中与宇宙交织在一起。日晷是救世主角色的另一种表达方式，在亚洲天命论或者《埃涅阿斯纪》中，救世主是指生来要拯救世人升入天堂的人。

奥古斯都的至高地位

奥古斯都同时扮演着三种角色：对神至高虔诚的人、充当神的角色的人和神圣命运的工具。他作为天地之间的中介，据有一种模糊但显赫的地位。遍布世界各地的各行省、城镇和街角供奉奥古斯都的各种形式的偶像崇拜或准偶像崇拜的细节不在本书探讨的范围之内。它们一起形成了凝聚整个帝国的忠诚和力量的关键因素。我们不必断言崇拜者相信奥古斯都是一个像其他神一样的神，更不必说他使传统的崇拜变得多余。但没有理由否认对他的崇拜是真诚和认真的。奥古斯都的至高地位非常有助于我们理解罗马世界，以及罗马统治和奥古斯都主宰地位的"神授"色彩。

但这并不意味着现在每个人都团结在对新领导人的崇拜和忠诚中。天堂并没有回归，罗马人也没有从此过上幸福的生活。相反，奥古斯都的解决方案本身产生了新的问题。当然，奥古斯都也有敌人，包括那些出于某种原因准备冒险暗杀他的人；当然这些人并不认为他是神。但更重要的是，我们应该认识到，将他视为"神"就可以被用作人类冲突中的武器。

由于奥古斯都这个名字的准神性权威，所以以他之名进行宣誓变得正常了。他的形象被视为神圣不可侵犯，于是帝国诸多城市纷纷将其头像刻印在钱币上，甚而发展为将其雕像视为一个奴隶避难的神圣的祭坛。打破奥古斯都之名而立的誓言、损毁他的形象、侵犯其雕塑形成的庇护所，即是侵犯他的威严。也许奥古斯都本人对这种细枝末节并无兴趣，但是，在基层，这种指控具有相当大的冲击力。指控一个人蔑视奥古斯都，等于指控他是整个奥古斯都建立的秩序之敌人。对其神圣威严之不敬是最大的背叛。这种指控的逻辑很快被反对蔑视罗马人民尊严的现行的立法所吸收。

奥古斯都因忽视这些指控而享有盛誉，而他的继任者提比略则因对一项指控处理不当而饱受诟病，此事也在后来的统治中对皇帝和元老院之间的关系造成了最严重的影响。但问题的根源在于奥古斯都神话。罗马世界的和平、秩序和稳定越与奥古斯都本人联系在一起，人们就越难以容忍任何对他本人的明显不忠，罗马的基本价值观中自我表达的自由故而不可避免地受到了损害。

一个基于对中心焦点的高度忠诚而创造团结的价值体系，其本质上必不能容忍异见。奥古斯都的统治以这种明显的原教旨主义式的不宽容而告终：焚毁提图斯·拉比努斯（Titus Labienus）的《历史》（*History*），因为他轻率地采取了"共和"立场；放逐演说家卡修斯·西弗勒斯，因他对领导人物不敬；将奥维德驱逐到冰冷的托密斯，因为他缺乏对爱情的谨慎描写。

奥古斯都不仅通过军事力量，还试图通过共同的价值观，即源自罗马传统、自觉地呈现罗马特色的价值观，将一个脆弱的罗马世界联系在一起。他把自己置于这个价值体系的中心。这些价值观在很多方面都得以延续，直到君士坦丁最后做出重大转变，将基督与皇帝放在了体系的核心位置。

后记：奥古斯都的遗产

奥古斯都死后给他的继任者留下了三份文件：葬礼指示，帝国的资源、军事和财政账目，以及他个人成就总结，即《功业录》。他下令用青铜将《功业录》铭刻在陵墓入口的两根柱子上，这是很幸运地保存下来的第三份文献，虽然不是罗马的原始版本，而是小亚细亚加拉太一位热心的总督刻在大理石上的拉丁文和希腊文副本。最完整的版本出现在安西拉，即现代土耳其的首都安卡拉一座为罗马和奥古斯都而建的神庙的墙壁上。铭文特别长，堪与波斯大流士国王的贝希斯敦铭文相比，它为加拉提亚行省居民详细说明了奥古斯都的自称为神：他所崇拜的祭司的名字都铭刻在同一座碑上。

倘若我们弄清楚某些场合的真实状况，我们或许会哑然失笑，譬如说当奥古斯都巧妙地或者肆无忌惮地歪曲事实的时候：将自己走向帝王之路粉饰为从派系斗争中解放罗马，或者如他所称，其个人威信虽在万人之上，但权力从未超过任何一位同僚，这不过是他一贯的"宣传操控"之表现，他从西塞罗那里得到了矫言术的真传。这也暗示了他承认他的权力是有争议的。但是最雄辩的言语并非巧妙地扭曲和矫言粉饰，而是"事实"和数据。事实上，他在统治时期的三次人口普查中登记了多少公民；他捐献了多少钱给罗马平民和他麾下的退伍军人，接受资助的有多少人，他给国库带来了多少财富；他建造或修复了多少建筑，他为罗马的庙宇奉献了多少战利品；他举办了多少次角斗游戏，杀死了多少野兽；他为模拟海战演习而开凿的人工水域有多么宽阔；他俘获了多少海盗；他开疆拓土斩获了多少行省；他建立了多少块殖民地以及有多少外国国王效忠于他。

他的继任者（尤其是提比略）没有一个敢与他的统计数据相抗衡，尽管他们中的大多数亦试图通过捐赠、建筑、征服、开拓殖民地以及最重要的，举办血腥的斗兽表演，来为自己加分。当然，在过去的共和政体中，没有一个罗马英雄能打破他的纪录，这就是他想用来衡量自己的标尺，正如他在新罗马广场上过往时代的将军们的铭文中所清楚地表达的那样。然而，我们可能会发现，用这种方式来评估他的成就和遗产是不够的。正如奥古斯都的传记作者苏埃托尼乌斯所写的那样，奥古斯都不仅是一种制度的创始人，而且是其他所有人都应该用来衡量自己的楷模。从继承他的虔诚和谨慎的提比略，到继承他的"表演"技巧的尼禄，到继承他的"礼貌"的图拉真，再到和他一样热衷于行省组织、军事纪律和古物学习的哈德良，他们不可避免地要这么做，虽然对奥古斯都的解读言人人殊。从某种意义上说，他一直是后世许多希望分享他伟大光环的统治者的典范，从查理曼到弗雷德里克二世，从"昏庸"太阳王路易十四到拿破仑，当然还有墨索里尼。

为了评估他的成就，超越统计数据和由来已久的对强者的质疑，不仅需要平衡，还需要深刻理解积极和消极是多么紧密地交织在一起。塔西佗在他精彩的《编年史》序言中抓住了这一点，该书以奥古斯都之死为开端。他将自己的剖析借所谓的当代评论家之口说出。那些为浮象所震撼的人热衷于统计数据——他担任执政官的次数、他荣获凯旋式的次数，但是智者的洞见更为深刻。一些人看到了积极的一面，一些人则看到了消极的一面。从积极的方面来看，人们可以将其早期的职业生涯归因于内战的乱局，从而选择宽容。他找到了一人统治的解决方案，他称之为元首制，而不是独裁。他不断开疆拓土，使罗马扩张为以大海为疆、以大河为界。他协调防御力量，给罗马公民带来了法制，给行省带来了有限政府，将罗马城重建得恢宏壮丽，并且只在为了普遍的和平这一目标时才使用暴力。反对"奥古斯都治下的和平"的褒扬性评价的异见，则集中于列数他采用阴谋和非法手段攫取权力，他惯于对盟友过河拆桥、背信弃义，还有他吹嘘的和平之下发生的一系列灾难，他的家族丑闻，他允许崇拜皇帝而亵渎了宗教，以及他选择了一个甚至自己都不看好的人做继任者。

按照罗马法庭的模式，或者在修辞训练中，积极面和消极面是相互对立的，其中一方应该占据上风——但塔西佗明白，双方可能同时存在真理的因素。奥古斯都是那个生存下来的人，许是因为运气，许是因为生性诡计多端。在内战中，正常的礼仪法度被搁置，背叛和阴谋是幸存者必备的生存技能，但重要的是他利用这些取得了胜利。只有一个经历过内战创伤的人才能明白恢复法治之紧迫性和优先性。当时发行的硬币上镌刻着"LEGES ET IVRA PR RESTITUIT"（图2.3），纪念他恢复了罗马人民的法律和权利，这并不是一个我们称之为"宪章"的声明：它说的是他恢复了法治。关于这一点，证据充足。法院进行了改革，在新的奥古斯都广场建立了新的司法场地，拥有保民官上诉权的奥古斯都不知疲倦地行使着该项权力，通过《判例法》，它成为司法公正的主要来源。这是他留给继任者的典范，五个世纪后由拜占庭继任者查士丁尼编撰的《罗马法摘要》（*The Digest of Roman Law*），是铭刻罗马皇帝在法治中发挥重要作用的一座丰碑。

积极和消极的一面不仅交织在奥古斯都的个性中，而且存在于他本人所面对的局势中。并非因他愤世嫉俗，而是形势的铁的逻辑使然，虽然他真诚地想恢复自由，将公民从强权或国家政权的高压下解放出来，恢复他们公开而坦诚地发表言论的自由。然而，其结果却是他采取的措施恰恰损害了言论自由：作家因作品被流放，书籍遭焚毁。到了提比略统治时期，"maiestas，lèse majesté"的指控，即通过诽谤或侮辱皇帝个人来削弱国家的伟大，在法律条款中有了确切的表述，同时也成为困扰皇帝和统治阶级之间关系长达一个世纪之久的根源。正如塔西佗所说，元首制和自由是不相容的，尽管他声称涅尔瓦皇帝解决了紧张局势（《阿格里科拉传》）。

事实上，紧张关系只有在统治阶级接受其自由被限制的情况下才得到解决。

内在的矛盾心理也决定了奥古斯都的军事政策和他在这方面的遗产。如果我们相信他在《功业录》中的自吹自擂（尽管事实上他的大部分胜利都是别人为他赢得的），他就是一个征服者，堪称最伟大的罗马人。但正如他所夸耀的那样，他也是和平的使者。内战的教训是，和平只能通过胜利来实现——一方取得完全的统治地位，同样的悖论也适用于帝国征服：征服者假装成带来和平的人。塔西佗笔下的英国叛乱者卡尔加库斯是一位自由战士，他看透了奥古斯都统治下的和平："他们制造了一片荒地，却称它为和平。"[《阿格里科拉传》（*Agricola*）]但是，实现和平的逻辑，正如维吉尔所说，是"将秩序强加于和平"（《埃涅阿斯纪》），这意味着稳定军队，使军事服务正规化，控制其成本，并最终避免帝国过度扩张。奥古斯都在日耳曼损失三个军团后便放弃扩张而专注于防御。

帝国统治给罗马带来了稳定，但稳定中掺杂着不稳定，内战的危险永远是潜在的，每一次阴谋或宫廷密谋都会使其凸显出来。内战在亚克兴战役一个世纪之后的公元69年再次爆发，此后，它周期性地爆发，直到3世纪，它成为一种反复出现的顽疾。在任何人类制度中，永久和平都是不可能实现的，但至少这个制度有足够的弹性，可以从它周期性的不稳定中恢复元气。在治与乱的波动中，唯有变化才能应变。

权力就是这样从旧有的既得利益群体转移到新的充满活力的阶层，皇帝，紧接着是元老院议员、公务员，甚至是作家，将来自帝国的各地区。

矛盾的背后是古代思想中定义的两种人类社会组织模式——自由公民组成的城邦和所有人皆臣服于一人的专制国家——之间的冲突。5世纪雅典发展起来的"民主"是公民国家的一种极端形式，在这个国家中，任何公民参与政治的机会都会最大化。罗马从未宣称民主，但它确实宣称主权属于公民所有。在公元前1世纪的内战中，公民的自由濒于险境，年轻的卡托是自由的殉道者，恺撒被那些认为他已经或威胁要结束自由的人暗杀。而马其顿国王菲利普和亚历山大，以及亚历山大在东地中海、马其顿、亚洲、叙利亚和埃及的众多继任者，成功地建立了与此相反的模式，即基于军事力量的王权模式。奥古斯都是所有这些"希腊化"国王的继承者，继承了他们的军事力量、他们的宫廷，他们的奢华风格以及文化上对强权的展示等诸多方面。然而，他也声称自己是一个公民，国家的公民。他是如何说服罗马人相信两种根本不相容的系统是相容的呢？

塔西佗的回答是："他用休闲的甜蜜诱惑了所有人。"（《编年史》）他不仅在内战后带来了和平，还给罗马人带来了富足与安逸的生活。在帝国征服的大背景下（尤其是托勒密埃及，带来了巨大财富），权贵人物生活无虞，为他担任军官、代理人、地方法官和元老院议员的统治阶级安享富贵。

对1世纪时期意大利的考古发掘，证明了当时的缙绅豪富建造的别墅之奢华，已经达到了令人讶异的水平。正如塔西佗意味深长的格言所示，奢侈品在社会范围内广泛传播。庞培古城和赫库兰尼姆古城的店主们比以往任何时期都要生活优裕。和平使地中海地区之间的互联互通达到新的水平，并使消费品贸易繁荣起来。这种贸易也延伸到地中海之外，多亏奥古斯都1世纪时开放了埃及的港口，亚历山大港可以直面地中海，并与红海上的贝丽妮丝和米奥斯霍莫斯建立了联系，与阿拉伯半岛、非洲和印度的贸易随之也繁荣起来，于是，香料现身罗马人的餐桌，丝绸衣服囊入其衣柜，葬礼上可以香篆袅袅。这正是塔西佗所说的"休闲的诱惑"，换言之，他是罗马的"软实力"。人们能够忍受皇权，部分原因是他们认为皇权有存在的必要，但最重要的是，他们体会到了它带来的好处（图7.1）。

至于罗马城，它在新政权的统治下空前繁荣，人口蓬勃发展。估量人口的具体数字几乎是不可能的，因为我们对奴隶、

图7.1 亚克兴之战前后发行的银币。上面印有恺撒家族的女祖先维纳斯女神，爱神诱人的外表可被解读为对"软实力"的承认。

外国人和移民的数量没有把握。我们也不清楚应该在哪里划定城市的边界，这座城市直到 270 年才有了真正的城墙，其郊区也在不断扩大。我们所知道的是，奥古斯都每月向该市男性居民发放免费玉米，偶尔也发放现金，受济人数在 25 万到 30 万之间波动。再加上女性、10 岁以下的儿童，包括奴隶在内的非公民，保守估计大概有 100 万人，该数量远远超过已知的其他古代城市。人口蓬勃发展带来的后果，可以在历史遗迹中看到：帝王们你追我赶地建造公共建筑，直到共和的痕迹被淹没，多层的砖混凝土结构的私人住宅则显示出人口的高度密集。从某种意义上说，权力的中心不再是罗马城，而是皇帝本人。但奥古斯都看到了巩固他在罗马城的权力的好处。如果说路易十四通过把贵族聚集到凡尔赛宫并用一系列方法来操控他们，那么奥古斯都则通过将其围于罗马、帕拉丁山和古罗马广场来控制帝国的权力掮客。无论他们在家乡势力多么强大，他们都无法与皇帝和他的人民的排面相比。罗马人民挤入剧院、竞技场、环形剧场，品尝着免费的玉米，在军事警察的监督下做一个良民，正如尤维纳利斯所言，用"面包和马戏"来交换选举权，他们何止是乐意，简直是欣然而为。

索 引

Actium, battle of xiv, xvi, 8–28, 42–8, 50, 67, 78, 84–7, 90, 97–8, 114, 119–20, 125, 134, 136, 139–41
adultery 62, 64, 92–5, 105–8
Aeneas 18, 35, 47, 55, 76, 81–2, 96, 98, 100–2, 106, 112, 118, 124
Agrippa (L. Vipsanius Agrippa) xviii–xix, xxi, 11–12, 38, 45, 51, 54, 59, 61, 73, 84, 85
Agrippa Postumus, son of Agrippa xxi, 64
Agrippina, daughter of Agrippa xxi, 52
Alexander the Great 16, 117, 135
Alexandria xviii, 66, 83, 105, 136
Ancyra (Ankara) 130
annona (grain supply) 67–9, 70
Antonia the Elder, daughter of Octavia and Antony xxi, 48, 51, 53
Antonia the Younger, daughter of Octavia and Antony xxi, 51, 53
Antonius, Lucius, brother of Antony 10
Antonius Musa, doctor 54
Antony (M. Antonius) xvii–xix, 9–19, 28, 48, 51–4, 78, 84, 90–1, 118, 142
Apollo 13, 18–19, 58, 97, 117, 119, 122, 127

Arles (Arelate) 33
Arval Brethren, Roman priesthood 114
Asinius Pollio, historian 78
Atia, mother of Augustus xvii, xxi, 117

auctoritas (authority) 27, 28, 30, 68, 119, 129, 131
Augustine, *City of God* 113
Augustus, novel title 28, 31–2
 Prima Porta statue xxii, 56, 57

Balbus, Cornelius, last triumph 58, 76–7, 84
Brutus 10, 25
Buchner, Edmund 7, 126, 140

Caligula, emperor (AD 37–41) xxi, 29, 44, 52, 63
Callimachus, Alexandrian poet 2, 105
Capricorn, birth sign of Augustus 58, 59, 127–8
Caracalla, emperor (AD 198–217) 73
Carrara, marble 73, 115
Cassius Dio 3, 16, 23, 27, 142
Christianity 18, 80, 91, 109–10, 121–2
Cicero xvii, 44, 79, 96, 112–13, 131
 Academica 74
 On the Republic 34
 Philippics 16
Claudius, emperor (AD 41–54) xxi, 51, 52, 69
Cleopatra xvii–xviii, 11, 15–17, 19–20, 49, 53, 78, 113, 139
Clipeus Virtutis (Shield of Virtue) 26, 31–3, 79, 80
Constantine, emperor (AD 307–337) 130
Cornelius Gallus, poet 49, 89–91
corona civica (crown for saving citizens) 31
Cumae 47, 122, 124

165

democracy, not Roman   36, 49, 135
Diana, goddess   58, 60, 97
dictatorship   4, 27, 37, 49, 59, 67–8, 73, 87, 133
Dido, Queen of Carthage   106
Diocletian, emperor (AD 284–305)   73
Dionysius of Halicarnassus   3
Domitius Ahenobarbus   15, 48
Drusus, brother of Tiberius   xviii–xxi, 51, 56–7, 60–1
Drusus, son of Tiberius   xxi, 40

Egnatius Rufus, aedile   39, 67–8
Egypt   xvii, 11, 18, 19, 27, 49, 50, 83, 87–90, 110, 128, 131, 135–6
elections   37–40
Emerita Augusta (Mérida)   32
Euhemerus, Greek philosopher   110
Fabius Maximus, Paulus, proconsul of Asia   124
family, as basis for society   62, 92, 96–9, 101–2
fascism   xiv, 4, 87
Fasti, Roman calendar   2, 26, 112, 116, 124–5

Gaius and Lucius Caesar, grandsons of Augustus   xix–xxi, 38, 56, 59–63, 78–9, 116–17
Gemma Augustea   58–9, 120, 127
Germanicus, son of Drusus   xxi, 40
Gibbon, Edward   3–4
Golden Age   55, 58, 97, 102, 104, 108, 122

Hadrian, emperor (AD 117–138)   85, 132
Horace   1, 2, 17–18, 91, 107
    Carmen Saeculare   97, 102–3, 124
    Epodes   17, 20
    Odes   2, 20, 28, 47, 58, 66, 92–5, 109, 119–20
    Satires   2, 106
Horologium (Solarium) Augusti   7, 84, 87, 126–7, 140

identity, Roman   xvi, 9, 17–20, 25–6, 28, 30, 34–5, 38, 40, 42, 74–80, 92–3, 96, 98, 104, 108, 111–16, 130
imperium (right of command)   27, 40

Julia, daughter of Augustus   xviii–xxi, 51–3, 56, 59–63, 106
Julia, granddaughter of Augustus   xxi, 64
Julius, Divus   10, 78, 82, 117
Julius Caesar   9–10, 16, 20, 25, 37, 48, 51, 52, 59, 66–7, 73, 78–80, 83, 96, 110, 116, 119, 125, 127, 135
Jupiter   18, 20, 30, 31, 35, 43, 58–9, 88, 91, 102, 112, 119–21
Justinian, emperor (AD 527–565)   133

leges Juliae, laws passed by Augustus   xix, 93
legions   xx, 15, 27, 29, 40–1, 95, 134
Lepidus (Aemilius Lepidus, triumvir)   xvii–xix, 9, 28, 114
Libertas (liberty)   10–12, 24, 78, 130, 134
Licinius Crassus   89
Livia, wife of Augustus   xviii, xxi, 51, 52, 54, 56, 61–3, 116
Livy   3, 74, 112
Lucan, *Pharsalia*   21
Ludi Saeculares (Secular Games)   xix, 97–8, 123–4
luxury   44, 65, 93, 135–6

Maecenas   1–2, 4, 91
maiestas (majesty/treason)   89, 93, 129–30, 134
Marcellus, nephew of Augustus   xix, xxi, 51, 53–6, 84
marriage laws   41, 92–5, 97–8
Mars, god of war   13, 20, 119

166

Meier, Richard xiv, 5–7
Mercury 119
Messalla Corvinus, city prefect 69
Mommsen, Theodor 4
mos maiorum (ancestral tradition) 34
Munatius Plancus 15, 19, 78
Mussolini, Benito 4, 6–7, 87

Naulochus, battle of xvii, 11
Neptune, god of seas 13, 18, 118
Nero, emperor (AD 54–68) xxi, 21, 44–5, 48, 52, 68, 132
Nicopolis xiv, 13–14, 141
nobility, Roman 36–8, 43–4, 48–9

Octavia, sister of Augustus xviii, xxi, 10, 51–5, 85
Ovid 1–3, 64, 90, 94, 130
  Amores 90
  Art of Love 47, 88, 107–8
  Fasti 2, 26, 31, 116
  Metamorphoses 2, 23–4, 43, 120
  Tristia 109

Pandateria, exile of Julia to 62
Parthia xviii, xix, 16, 20, 56–8, 76–8, 81
Pater Patriae (title of Augustus) xx, 62, 81
patronage, literary 1–2, 91
Pax (Peace) xix, 4, 12, 86, 97–104, 119, 122, 125, 128, 133–4
Perusia xviii, 10
pietas (Piety) 10, 18, 26, 96, 98, 101–2, 104, 106, 112, 114, 118, 120, 122, 128–9, 132
Pisa, Roman colony 63
Plutarch, *Life of Antony* 16, 90, 142
police 24, 41, 68, 69–70, 137
Polybius, Greek historian 112
pomoerium (ritual limit of city of Rome) 40–1
Pompey, Sextus, son of Pompey the Great xviii, 10, 118

Pompey the Great (Pompeius Magnus) 10, 31, 37, 48, 52
Pontifex Maximus (chief priest) xix, 48, 114
populus Romanus, people as sovereign body 35–42, 66, 137
Prefect of Egypt 50
  City (*praefectus urbi*) 41, 69
  Firewatch (*Praefectus vigilum*) 41, 68, 70
  Grain Supply (*praefectus annonae*) 69, 70
  Praetorian Guard (*praefectus praetorio*) 41, 70
priesthood, Roman 48, 101–2, 111–16, 123–4, 131
Princeps (title of Augustus) 23, 59
Principes Iuventutis (title of Gaius and Lucius) 59, 61, 63
principes (leading citizens) 35
propaganda 16, 19, 21, 93, 141
Propertius 1, 2, 17, 91, 99, 104
  Elegies 2, 14, 18–19, 47, 89–90, 105–6
provinces xvi, 17, 27–8, 50, 111, 116, 129, 132

Quintilian, professor of rhetoric 1

recusatio (refusal to write) 105
reform, moral 62, 92–5
religion, Roman 18, 110–16, 124, 133, 140
Republic, restored 25–8, 29, 35, 39, 116, 140
Republic (res publica) 9–10, 23–4, 33–6, 36–40, 43–4, 48, 50, 66, 69, 74, 76, 87, 112–13, 130, 132, 137, 139
Res Gestae Divi Augusti 4–6, 17, 23, 26–7, 30, 34, 66, 76, 84, 87, 95, 114, 131, 134, 142
Rhodes, exile of Tiberius xx, 61–3
Roma, goddess 58, 81, 100, 118

167

Rome amphitheatres 84
　aqueducts 73, 85
　Ara Pacis (Altar of Peace) 4–7,
　　84, 86, 98–103, 105, 114–16,
　　126–7, 140
　Campus Martius 38, 40, 55, 61,
　　74, 78, 83–7, 125–8, 140
　Capitoline (Capitol) 18–20, 74,
　　78, 84, 88, 115
　Colosseum 73
　Curia Julia (Senate House) 26,
　　31, 76, 79–80
　Forum Augustum (Forum of
　　Augustus) xx, xxii, 4, 35, 62,
　　80–3, 132–3
　Forum Julium (Forum of
　　Caesar) 79
　Forum Romanum (*the
　　Forum*) 16, 36, 41, 44, 53, 62,
　　64, 71, 73–80, 84, 85, 137
　Mausoleum 4–7, 55, 84, 86–7,
　　125, 131
　Palatium, palace of Augustus 43–
　　8, 51–4, 61–4, 73, 105, 116, 134
　Pantheon 84, 85
　Parthian arch 76–7
　population 65–6, 69, 71, 73, 87,
　　95, 136–7
　Praetorian Barracks 41, 70
　regions 68, 70–1
　river Tiber 20, 45, 74, 83–4, 86
　Rostra 16, 62, 79
　Saepta Julia 38, 84–5
　temple of Apollo Sosianus 84–5
　temple of Divus Julius 78
　temple of Jupiter Capitolinus 115
　temple of Mars Ultor xx, 62, 81
　temple of Palatine Apollo 45,
　　47–8, 123–4
　theatre of Pompey 83–4
　Via Flaminia 86, 101
　Via Labicana 114–15
　Via Sacra (Sacred Way) 90
　vici (neighbourhoods) 66, 72,
　　114

Romulus, founder of Rome 18,
　31, 35, 44, 46, 55, 75–6, 81,
　100–1, 108

Scribonia, wife of Octavian xviii,
　xxi, 11, 51
Sejanus, prefect of Praetorian
　Guard 52, 70
Senate, role of xix, 26–9, 36–8,
　48, 51, 62, 70, 79, 86, 97, 98,
　117, 130
Senate and People (SPQR) 18, 25–8,
　30–2, 70, 79
Seneca
　On Clemency 21
　On Tranquillity 65
Shakespeare, *Antony and
　Cleopatra* xvii, 16
Sibylline Oracles 123
Sibyl of Cumae 47, 97, 122–4
slaves 11, 39, 41, 51, 65, 68, 72, 78,
　94–5, 107–8, 129, 136, 137
Strabo 3, 83
Suetonius, *Life of Augustus* 3, 35,
　42, 44, 72–3, 78, 83, 111, 117,
　127, 132
Syme, Ronald xvii, 4, 139

Tacitus 3, 27, 34, 67, 95
　Agricola 134
　Annals 3, 111, 132–6
Tarquin 25, 76
Theogenes of Apollonia,
　astrologer 127
Tiberius, emperor (AD 14–37)
　xviii–xxi, 38, 51–64, 79, 94, 106,
　130, 132, 134
Tibullus 1, 2
Tomi (Constanza) xx, 3, 130
Trajan, emperor (AD 98–117) 132
tribunicia potestas (tribunician
　power) xix, xx, 54, 61, 63, 67
triumphs xix, xx, 14–15, 29, 34–5,
　38, 40–1, 56–9, 76–8, 84, 87,
　90–1, 99, 104

Varro, *On antiquities human and divine* 34, 74, 113–14
Velleius Paterculus, historian 61
Venus, ancestress of Julii 18, 81, 119, 136
Vespasian, emperor (AD 69–79) 29, 110
Victoria (Victory) 13–14, 31, 79, 80, 119, 120
vigiles (fire brigade) 41, 68
Vipsania, daughter of Agrippa xxi, 106

Virgil 1, 2, 17, 56, 81, 90, 106, 109, 119, 122
  Aeneid 12, 15, 18, 21, 35, 42, 47, 55, 91, 96, 98, 112, 118, 124, 128, 134
  Eclogues 65, 97, 123
  Georgics 20, 91, 92
Vitellius, emperor (AD 69) 50–1
Vitruvius, architect 3, 28, 83

Zachos, Konstantinos xiv, 13–15, 141
Zanker, Paul xiv, xvi, 4, 81, 140